ちくま文庫

江戸衣装図絵 武士と町人

菊地ひと美

筑摩書房

はじめに

この度、東京堂出版で版を重ねた『江戸衣装図鑑』が、ちくま文庫から『江戸衣装図絵　武士と町人』『江戸衣装図絵　奥方と町娘たち』として出版されることになりました。文章は文庫用に書き改め、また新しい項目も入れています。

男の着物は仕事着なので職業別の衣服です。その男達の仕事服は大変魅力的なものでした。

大店《おおだな》の商家では階級を昇進するごとに、着られる着物の格が上がります。

また職人や頭《かしら》が得意先へ年始回りにうかがう時には、半天を七枚程重ね着し、次に回る店の屋号が一番上になるようにはおり直しました。

そして木場の筏士《いかだし》である川並《かわなみ》は、川の材木を飛び渡るのと粋好みのため、最も細い股引《ももひき》「川並」姿です。

一方、当時は遊郭がありました。男達の洒落心は廓の恋人たちに向けて捧げられたといってもいいでしょう。彼らの髪形は、上から急傾斜する「文金風」。黒無地の着物に、裾《すそ》を引きずるほど長丈の「引きずり羽織」で流行姿。

また上品な商家の旦那衆は、木欄《もくらん》色、柳鼠《やなぎねず》などの「四十八茶、百鼠」といわれる洗練された微妙な色合いがお好みでした。

「武士と町人」編は、江戸の男達の「職業案内」でもあり、彼らの息づかいも感じられる衣装図鑑です。

目次

凡例

一　本書内での江戸服飾の時代区分　＊国立歴史民俗博物館の服飾区分と同様
初期…慶長から貞享まで（一五九六～一六八八年）
中期…元禄から天明まで（一六八八～一七八九年）
後期…寛政から慶応まで（一七八九～一八六八年）

二　服飾用語は同一語であっても読み方が異なったり、多様の意味を持つものがある。また「小袖」のように、元は肌着であったものが年代の経過とともに、格が上昇して上流階級の表着《うわぎ》になるなど、役割が変化する衣があるため注意が必要です。
〔意味が異なる例〕
小袖《こそで》……袖口が小さい着物、肌着のちには表着《うわぎ》、絹小袖（着物）の綿入《わたい》れ、古式の身幅の広い形
単《ひとえ》……裏が付かない一枚着、女房装束の内着

三　この本での「小袖」は上等な着物として使用。庶民の衣は「着物」で表記。

四　江戸時代の長さ（一尺、一寸など）を計るには、一般用の曲尺《まげじゃく》と裁縫用の鯨尺《くじらじゃく》がある。
衣装の本なので通常は鯨尺の寸法で○㎝と表記。
一尺（曲尺は３０・３センチ
　　　鯨《くじらじゃく》尺は38センチ
一寸（曲尺は３センチ
　　　鯨尺は3.8センチ

五　原本では「黒の定紋付小袖」を本書では「黒の紋付着物」など、わかりやすく表記。

六　掲載図版は絵画資料や版本から収録。原典通りに著者が模写、彩色。また原典が白黒のものなどに彩色を施したものもある。各原典名は表記。

江戸衣装図絵　武士と町人

一　衣服の歴史

㈠古代から平安時代までの服飾

【縄文から　古墳時代】　紀元前三〇〇年〜六世紀

古代は狩猟や漁労の生活で、縄文時代には、上半身の衣や、下半身の腰を覆うものがみられます。弥生時代の男子は横幅の布を肩掛けにして結び、女子は貫頭衣《かんとうい》に麻の細《ほそ》い帯紐《おびひも》。大和朝廷の時代になると、大陸の北方民族の着衣が伝わり、朝廷を中心とした人々が着用。男子は筒袖で腰丈の短衣を用い、下はズボン姿。女子も同様で、下衣はスカート形でした。上層では絹、麻が主です。

【飛鳥・奈良時代】　五九二〜七九三年頃まで

七世紀には律令体制となり、服飾では冠や衣服の色の違いにより身分を示す「冠位十二階」が制定。奈良時代の日本貴族の男女の朝服《ちょうふく》（公服）は〝中国風〟といえます。また役人の服制には特別な儀礼用の「礼服《らいふく》」と、朝廷での平常勤務用の公服である「朝服」があり、それぞれ文官・武官・女官用がありました。奈良時代の朝服には文官の表着《うわぎ》であり両脇を縫いふさいだ「縫腋袍《ほうえきのほう》」と、武官の表着であり脇が開いている「闕腋袍《けってきのほう》」があります。武官用のものは丈が短く、脇下の開きにより活動的です。また貴族女子の服も中国風であり、ベスト風短衣の上から胸高に裳《も》（スカート）をつけました。

【平安時代】九〜十二世紀（七九四〜一一九一年）

貴族男子の正装および平常の勤務服である公服が「束帯《そくたい》」です。束帯は昼の参内《さんだい》用でした。一方夜の「宿直装束《とのい》」には直衣《のうし》、狩衣《かりぎぬ》などがあります。夜の「宿直装束」である直衣や狩衣（上衣、下衣、装身具を含むセットでの総称）は、公服にして私的な服であり、日常家居で過ごしたり、私用での盛装や旅行、遊猟などに用い、自由な配色が楽しめました。

直衣、狩衣の袴《はかま》は「指貫《さしぬき》（布袴《ほうこ》）」という裾《すそ》を紐《ひも》でしばる括《くく》り袴《ばかま》なのが特徴です。

唐衣裳装束《からぎぬもしようぞく》（十二単《じゆうにひとえ》）は平安朝、宮中の高級女官であり女房《にようぼう》（侍女）たちが着用する、正装であり朝服（公服）です。女房装束ともいい、朝廷内の室（部屋）に起居するゆえ、宮殿内の式服であり日常着でもあります。天皇に謁見する際には上衣の唐衣《からぎぬ》と後腰の裳をつけた「唐衣裳」すがたになります。これが正装。男子の束帯と同格です。通常の宮中内の日常着では唐衣と裳をつけていない略装の装いとなります。

一　古代から平安時代までの服飾

[縄文時代]

獣皮を着た女

[弥生時代]

倭《やまと》の男子

民衆の女

[古墳時代]

衣と袴の男子

古代の巫女

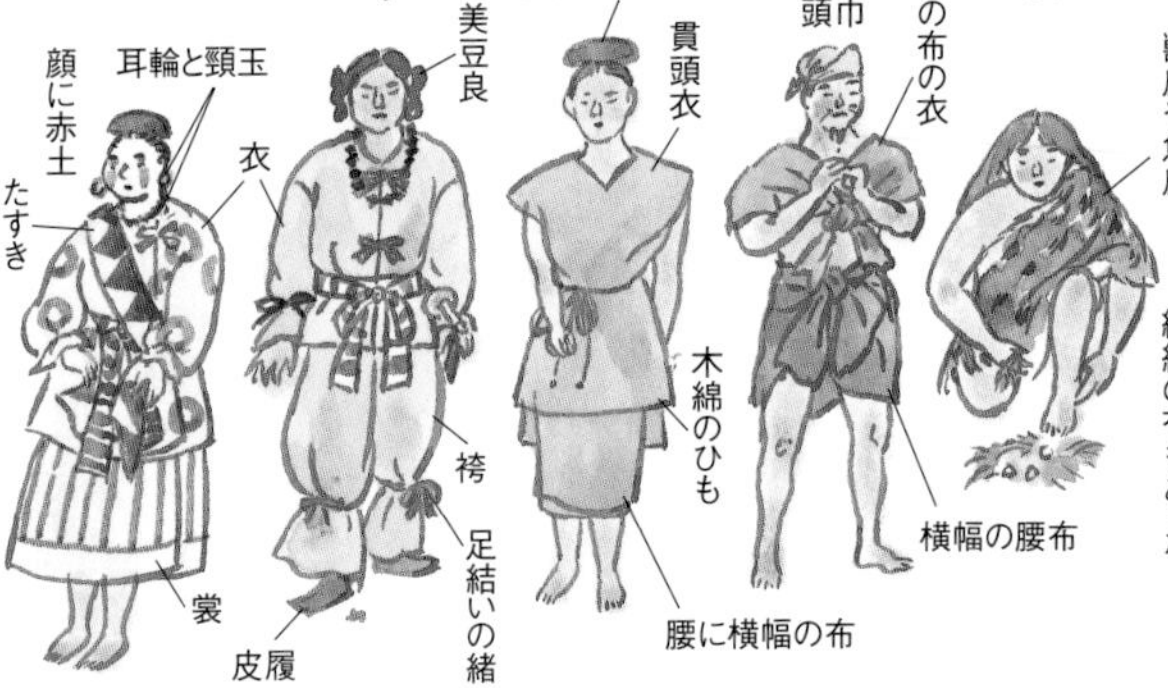

[平安時代　後期]

宮中

文官の正装であり公服<束帯《そくたい》>

『信貴山縁起』より

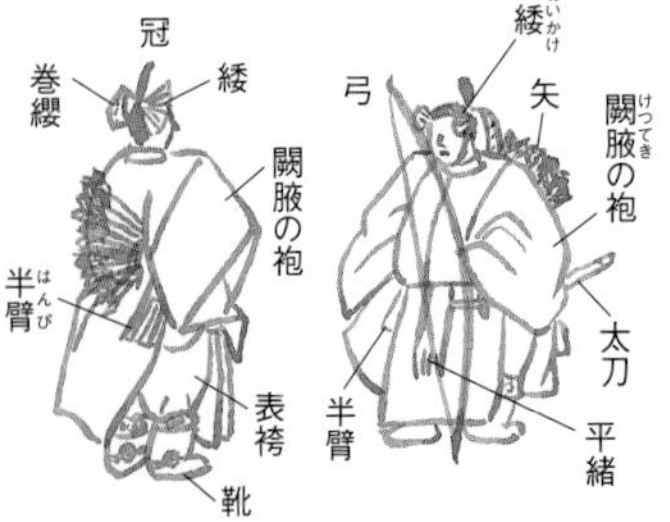

武官の正装であり公服<束帯>

『春日権現霊験記』より

[平安時代の民衆]

『信貴山縁起』『伴大納言絵詞』
『年中行事絵巻』より

（出典）上段の縄文から平安末まで『原色日本服飾史』

㈡鎌倉から桃山までの服飾

【鎌倉・室町時代】一一八五～一五六七年

中世、鎌倉～室町期には、公家から武家政権へと転換したことが、服飾にも大きな変化となって現れます。中世衣の特色の一つ目は、平安貴族の優雅な公家衣装からは対極にある、機能的な武家の衣服へと変化したことです。二つ目は下位の位置づけであった衣服が、しだいに上位へ昇格していく傾向が、武家、公家、男女を問わずに起こったことです。戦乱の続く中世では、簡略化とこの形式昇格が、服飾史の中では最も激しく起こりました。

中世武家の公服は、もとは平安期の武官（狩衣、丸首）の公家衣服が中心でしたが、これに武家の〝直垂《ひたたれ》系統（着物打合せ）〟の衣が加わっています。また武家衣服の特色は、上衣・下衣とに分かれた〝二部式〟を用いており画期的でした。

武家の水干《すいかん》……水干は鎌倉期の武家社会では、上は将軍から下は下士に至るまで着用された日常着。牛若丸の姿であり、水干には〝菊綴《きくとじ》〟という丸い房《ふさ》が五カ所につきます。

武家の直垂《ひたたれ》（着物打合せ）……元は平安期の地方武士や庶民に着用され鎧《よろい》の下に着た一種の内着。鎌倉期の武家の台頭と共に公服となり後世まで続く武家の礼装となりました。

武家上層の女子は昔から肌着や内着として小袖（肌着）を用いましたが、この頃になると小袖は表着《うわぎ》へと移行。

戦乱続きの中世は、〝都市の町人層〟が形成される以前の時期にあたります。鎌倉期の男子は、烏帽子《えぼし》をかぶり、着物打合せの素襖《すおう》の上衣に、簡単な括り袴《くくりばかま》が多く、これが室町になると、烏帽子や袴を省き、着物のみの姿も広がります。

【安土桃山時代】十六世紀（一五六八〜一六〇二年頃）

戦国時代の服装の特色としては、男女ともに〝着物が服装の中心〟へと移行。男子は着物打合せ（直垂）系が武家最高の礼服へと昇格。また着物の上に肩衣《かたぎぬ》と袴をつける「肩衣《かたぎぬ》袴《ばかま》」（裃《かみしも》のこと）が公服化。この時代までは、男子は必ず烏帽子などの被《かぶ》り物を、室内でさえ被るという習慣でしたが、この時代からは、男子は露頭となり被らなくなりました。

上層の女子は裳《も》や袴をつけず、ついに〝小袖（上等な着物）のみで成立〟した服装となります。また平安期には公家が服飾の先導者でしたが、この頃になると武家の男女の装いが服飾をリードするようになりました。

そして下級武士の女子や庶民たちは、麻や植物繊維の粗布の着物を一、二枚しか持てず、それを年中通して着ているようです。帯は縄などでした。

［鎌倉時代］

童水干《わらべすいかん》

『原色日本服飾史』より

（武家系の衣）

直垂《ひたたれ》

着物打合せの衣

『一遍上人絵伝』より

童水干

『有識故実大辞典』より

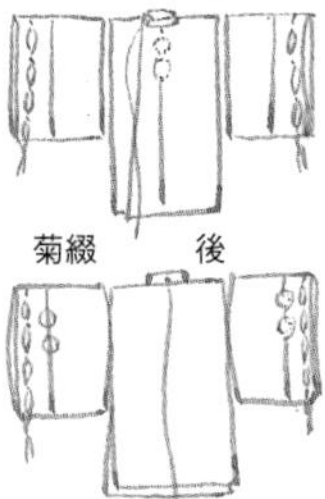

水干の襟を内に折って着た

垂領姿　『法然上人絵伝』より

（公家系の衣）

狩衣《かりぎぬ》

肩や脇が縫われていない。

『信貴山縁起』より

［安土・桃山時代］

『原色日本服飾史』より

武家上流婦人の打掛姿

［鎌倉時代の庶民］

『一遍上人絵伝』より

水干

上層女性の外出姿

[安土桃山時代の庶民]

『洛中洛外図屏風』より

二　江戸時代（一六〇三〜一八六八年）

㈠服飾全体・色

江戸は、武都であると同時に地方の人々も常に在住し、単身赴任者が多いことも特色の一つです。経済面では、初期は都市建設期による高度成長期であり、中期以降は財政が逼迫《ひっぱく》。中後期には三大改革へと進みました。また小袖や衣装の黄金期を築いた江戸時代は、文化面では日本独特の〝江戸文化〟を創った時代でもありました。時代区分は一七世紀が初期、一八世紀は中期、一九世紀を後期とするのが一般的ですが、服飾の区分は衣服の大きな変化により（身幅や形、流行の推移を加味）大きく次の三つに分けられます。

＊国立歴史民俗博物館の服飾区分と同様

初期……慶長から貞享まで（一五九六〜一六八八年）中期……元禄から天明まで（一六八八〜一七八九年）後期……寛政から慶応まで（一七八九〜一八六八年）

◆江戸服飾の特徴　文化や流行は洋の東西を問わず、上層階級から生まれ、下に広まってゆくのが一般的です。しかし後期の江戸文化は逆に、町人層が中心となって開花しました。

時代区分で見れば、江戸初期には権力と経済力を持つ武家が服飾をリード。草創期であり戦国時代の名残りも強く、武骨さや男っぽさが好まれた時代です。初期の美意識は安土桃山時代の気風を受け継ぐ「伊達《だて》」に代表され、〝伊達者《だてもの》〟や〝かぶく者〟による、大胆で派手な衣装を好む男たちの風潮が見られます。

中期に入ると経済力をつけた都市の豪商、町人層が台頭します。上方文化の主導期でもあり、華麗な色合い、着こなし、髪形などを創出し、贅沢で優艶な衣装美を展開しました。

そして一般に「江戸文化」といわれるのが江戸後期であり、「意気（粋）」という美意識を創り出しました。渋みのある洗練された魅力を生み出したのが、江戸の町人文化です。

◆**「粋」という独自の江戸文化を創り出した要因**　江戸の流行を生み出した〝先導者〟としては、次の三者が挙げられます。第一は流行を発信し続け、衣装の影響力は絶大であった歌舞伎役者たち。第二は、贅沢を粋にまで洗練させる場となった遊郭と高級遊女たち。第三は、その遊客である豪商や通人《つうじん》たちです。

このような独自の「江戸文化」を創り出した要因は三点考えられます。第一は「鎖国」により、外国の影響を受けずに内部熟成されて、日本独自の文化へと至ったこと。第二は身分に関わりなく、武家、上層町人、庶民など個々に自由に流行を創ったこと。第三は各自の手作りの時代だったこと。衣服の身丈や帯の長さの変更、また新しい髪の結い方など、自身で作るためにデザイン変更は容易でした。ここが現代と大きく異なる点です。

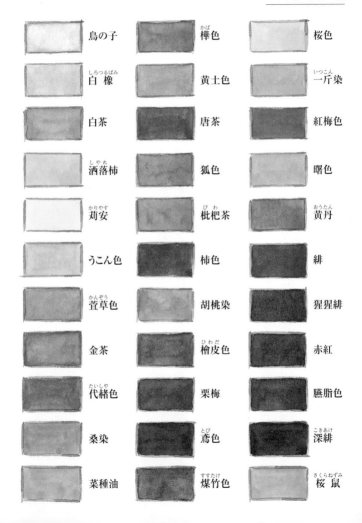

鳥の子

白橡《しろつるばみ》

白茶

洒落《しやれ》柿

苅安《かりやす》

うこん色

萱草《かんぞう》色

金茶

代赭《たいしや》色

桑染

菜種油

樺《かば》色

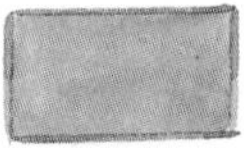
黄土色

唐茶

狐色

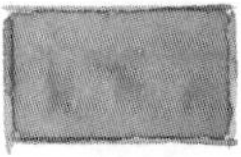
枇杷《びわ》茶

柿色

胡桃染

檜皮《ひわだ》色

栗梅

鳶《とび》色

煤竹《すすたけ》色

桜色

一斤《いつこん》染

紅梅色

曙色

黄丹《おうたん》

緋

猩猩緋

赤紅

臙脂色

深緋《こきあけ》

桜鼠《さくらねずみ》

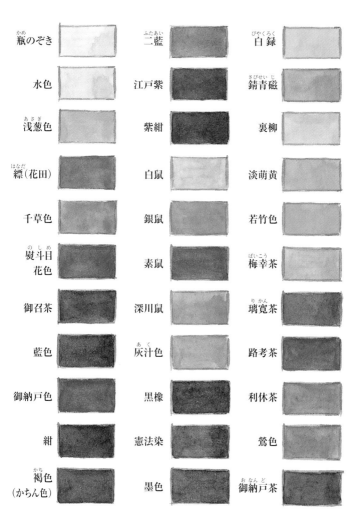

瓶《かめ》のぞき

水色

浅葱《あさぎ》色

縹《はなだ》(花田)

千草色

熨斗目《のしめ》
花色

御召茶

藍色

御納戸色

紺

褐《かち》色
(かちん色)

二藍《ふたあい》

江戸紫

紫紺

白鼠

銀鼠

素鼠

深川鼠

灰汁《あく》色

黒橡

憲法染

墨色

白緑《びゃくろく》

錆青磁《さびせいじ》

裏柳

淡萌黄

若竹色

梅幸《ばいこう》茶

璃寛《りかん》茶

路考茶

利休茶

鶯色

御納戸《おなんど》茶

㊁「小袖」と「着物」

◆小袖の歴史

小袖の歴史には異なる二つの流れがあります。一つは平安時代「公家の男女の肌着」として始まるもの。もう一つは「庶民の木綿《ゆう》の労働着」から始まりました。平安期、多くの衣服を重ね着する公家装束《しょうぞく》にあっては、男子は上衣である袍《ほう》などの一番下に小袖を用い、女子は女房装束《にょうぼうしょうぞく》（十二単《じゅうにひとえ》）の唐衣《からぎぬ》、表着《うわぎ》などの一番下に着る下着（肌着）として用いました。このように肌着としての小袖を公家、武家の男女共に着用しました。

一方庶民の労働着は何種類かあり、女子は細い筒袖で着丈は短く、着物打合せのワンピース形や、袖なし、上衣と袴《はかま》など。男子の多くは上衣《うわぎ》に細く短い袴をつけました。絵巻では庶民は一、二枚しか着ていないため、小袖は表着、衣服として着用。

平安期に肌着として登場した小袖は、江戸時代には服飾の中心的衣服となります。小袖（着物）は男女、武家や町人の階層を問わず、広く用いられました。

◆多様な小袖の意味

「小袖」には数種類の意味が含まれます。一つは公家系の袖口の大きい広袖に対して、袖口が小さい着物のこと。二、広義には古式の身幅の広いたっぷりとした衣服をさし、三、狭義には絹の全身の綿入《わたい》れを。四、表地と裏地が絹である「絹の袷《あわせ》の着物」をもいいます。総じて小袖とは絹で、上等な衣服という意味合いがあるようです。

そこで本書では上層階級の着用する絹を中心とした上質な衣服を「小袖」とし、これに対して庶民が着用する普通の生地で、一般的な長着は「着物」と表記しました。

◆小袖の四季による名称

四季のある日本では、衣替《ころもが》えをします。春夏物の四月一日から九月八日までは、春夏生地で袷《あわせ》や単《ひとえ》、秋冬物は九月九日（重陽の節句）から三月末日までで、袷か綿入れに厳格に替えました。また、四季の寒暑に応じて、単、帷子《かたびら》、袷、綿入れがあります。「帷子」は上流用の夏用、上質な麻の着物（上布《じょうふ》ともいう）。

◆名称付記

前身《まえみ》……身丈《みたけ》、身頃、襟《えり》、袖、袖口、袖幅、袖丈。
衽《おくみ》……前身頃の打ち合わせ前端側のゆとり布の部分。
褄《つま》……着物の裾《すそ》の前端部分。模様では褄模様は前端に模様が付いていること。
裄《ゆき》……後中心の背縫いから、肩先を通り袖口までの長さ。
袖丈……袖の長さで袂《たもと》の下端までの丈。
袂《たもと》……袖の袖付けより下に垂れ下がった部分。
袘《ふき》……袷や綿入れの裾や袖口などに、裏布を表にのぞかせた、配色の縁取り。

[小袖の形と名称]

桃山〜江戸初期の小袖の形

江戸初期から後期までの形の推移

江戸後期　　江戸中期　　江戸初期

［着物の名称］

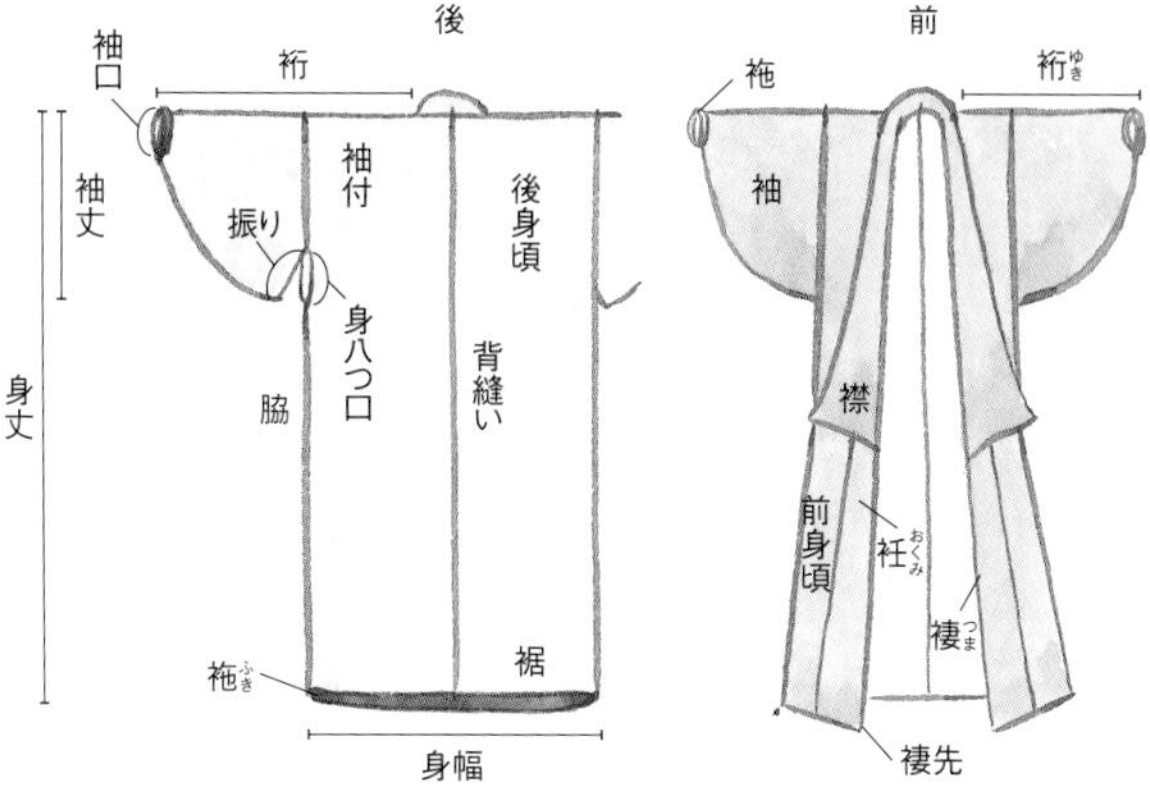

［袖の種類］

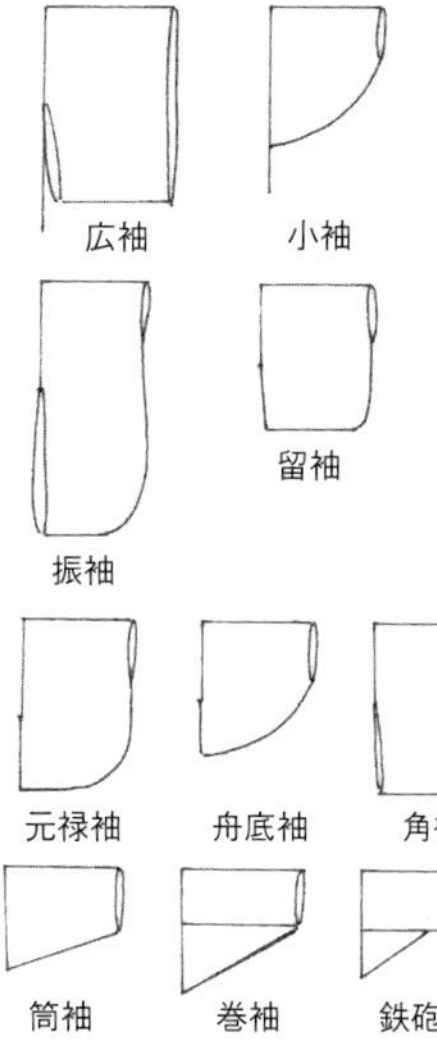

褄をとる姿 『絵本浅香山』より

㊂江戸時代の生地

江戸時代の生地の特色としては、初期には海外から輸入された金襴《きんらん》、緞子《どんす》などの高級織物や摺箔《すりはく》、総鹿《そうか》の子《こ》絞りなどの高度な技術も併用され、上層に着用されました。

中後期には渋みのある「江戸の粋」への志向もあり、縞《しま》、小紋が主流を占め、数多くの縞の種類があります。また舶来の唐桟《とうざん》や国産の越後《えちご》上布《じょうふ》（上質な麻）などは、模造品が各地で作られました。

◆舶来高級品

金襴《きんらん》……金糸を織り込んだり、金銀箔《はく》糸を使った豪華な織物。
緞子《どんす》……色鮮やかな模様の贅沢品。江戸初期には将軍、諸公の裃《かみしも》や小袖に。
綸子《りんず》……初期の小袖類は多くが綸子を用い、地質は柔らかく光沢にも富む。輸入品。
繻子《しゅす》（朱子）……輸入品で、滑らかで光沢に富み、しなやか。

◆絹物

綾《あや》……柔らかく、繻子に次いで光沢がある。
紗綾《さや》……初期の女物「地なし」用の生地に適し、生地がしっかりして張りがあるため、この生地に縫い（全面刺繍）をした。

羽二重《はぶたえ》……なめらかで艶がある絹織物。礼装用の着物や羽織生地。

縮緬《ちりめん》……江戸中期以降、種類が増え需要も激増。糸に撚《よ》りをかけた表面のしぼが特徴。

◆太物

木綿……江戸中期頃から本格的に流通する木綿は、江戸に登場する新素材。特徴は柔らかく、吸水性があり、染色に優れ、耐久性があり、保湿性が高くと多くの美点がある。

紬《つむぎ》……屑繭《くずまゆ》または真綿から紡いで織った素朴な絹織物。軽くて長持ちがする。

更紗《さらさ》……シャム産のサラサの模倣品で、唐草模様の木綿。

◆縞《しま》

唐桟《とうざん》（唐桟留《とうさんとめ》・奥嶋《おくじま》）…舶来《はくらい》の木綿縞《もめんじま》。きわめて細い木綿糸を用い、地質は密でなめらかであり、光沢がある。細縞で密なものほど珍重。一衣の価は二両より五十七両。

川唐《かわとう》（和の模倣品）……天保頃、唐桟の模倣品が日本各地で作られ、中でも川越産の桟留《さんとめ》縞《じま》は「川唐」の名で人気商品。

絣《かすり》……機織り前に、あらかじめ模様に沿って染め分けた糸を使用した織物。

黄八丈《きはちじょう》……火付けをした八百屋お七が着用していたことで有名。伊豆の八丈島に産する黄色の縞や格子の絹織物。色染は主に黄、茶、黒の三色。

青梅縞《おうめじま》……横糸に木綿を使った、絹との交織。

[江戸時代の模様]

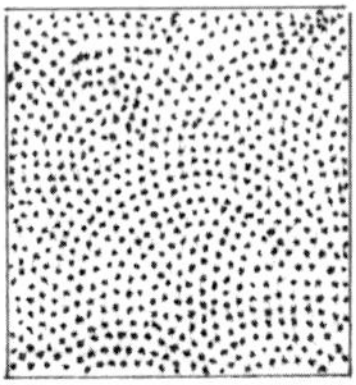

鮫《さめ》小紋

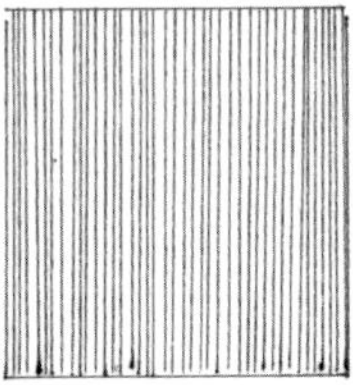

万筋

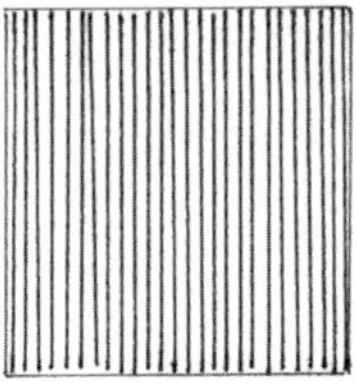

千筋

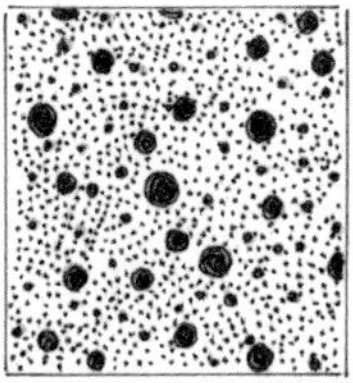

霰《あられ》小紋

子持縞

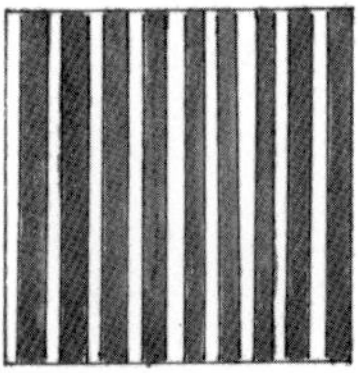

棒縞

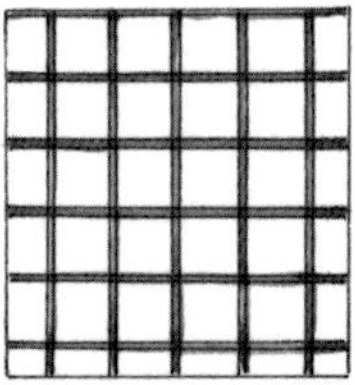

碁盤格子

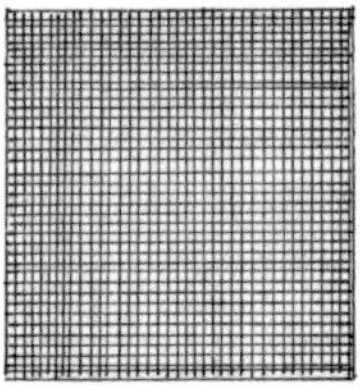

微塵格子

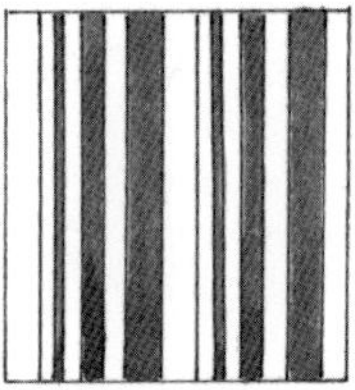

片滝縞

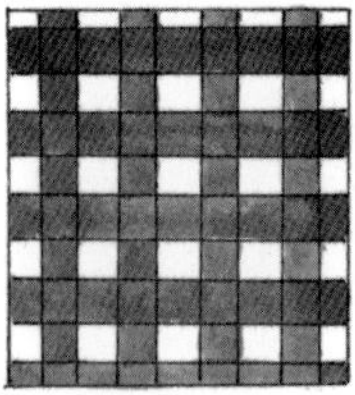

弁慶格子

子持ち格子

やたら縞

飛鶴

茶屋辻

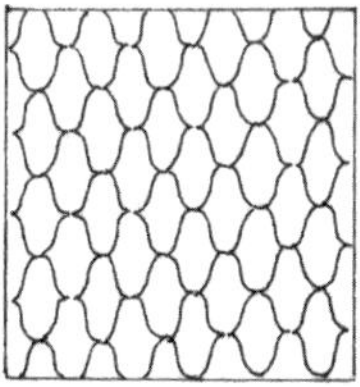

網目文様

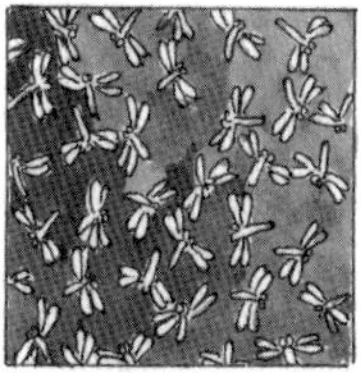

勝虫(とんぼ)

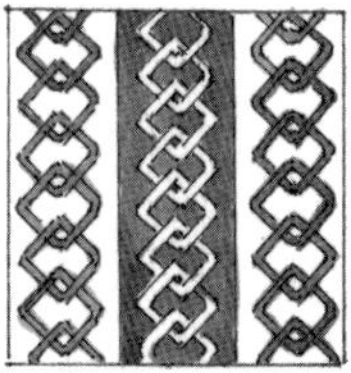

吉原つなぎ

亀甲花菱

波

唐草文様

七宝つなぎ

宝尽くし

菖《しよう》蒲《ぶ》革《かわ》文様

紗《さ》綾《や》形《がた》

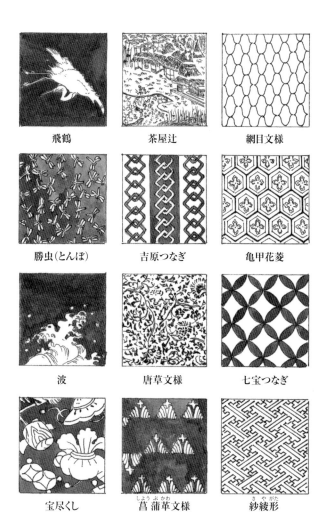

三　武家服飾

㈠武家の家格と儀礼服

江戸時代の武士は厳しい格式と役職とで組織され、大別すると大名と、幕府直属の家臣（直参《じきさん》）である旗本・御家人に分けられます。武家には官位、家格、身分、役職などによる格式と序列があり、公式の場合には服装にも格付けがあります。三四頁図は主に旗本である諸大夫《しよだいぶ》（武家五位の侍）以上の、高位者の重い儀式用の礼装です。朝廷から頂く官位により、上位から順に、束帯《そくたい》、衣冠《いかん》、直垂《ひたたれ》、狩衣《かりぎぬ》、大紋《だいもん》、布衣《ほい》、素襖《すおう》、長裃《ながかみしも》と、着用する衣服が定められていました（官位順であり、石高《こくだか》順でない点に注意）。服飾の規定は二代将軍徳川秀忠の「武家《ぶけ》諸法度《しよはつと》」において元和元年（一六一五）に定められ、幕藩体制下の身分の秩序を、服飾により示したともいえます。幕府の礼装はこの他にもあり複雑でした。

◆儀礼・礼装用

大礼という将軍宣下や対朝廷・神事など特別な儀式の時には、将軍から従五位下までの官職にある者は最上位の束帯や衣冠を着用します。これに次ぐ通常の儀式や行事における、高位者から将軍にお目見え以上の者までの礼服は「公家（狩衣）系統」と「武家（直垂）系統」の装束を交互に用い、さらに腰紐《こしひも》の色や組み紐、革紐など、材質の違いで区別し、廊下で対面しても瞬時に身分がわかりました。（以下、図の番号順に）

1、2**束帯《そくたい》・衣冠《いかん》**……将軍以下、諸大夫、従五位下の官位にある者が着用。公家系の装束で将軍宣下など特別な儀式の時用。袍《ほう》の色目は四位以上は黒、五位は浅緋《あさひ》。

3**直垂《ひたたれ》**……将軍以下三位以上の諸大夫、老中や、従四位下の侍従以上が着用。将軍は正月や外国使節との謁見などに用い、絹製。武家独自の服制は直垂以下であり、直垂は武家最上位の礼服です。

4**狩衣《かりぎぬ》**……四位、五位の高位大名と老中、高家《こうけ》の礼服。地織りに模様がある有紋《ゆうもん》を着用。

5**大紋《だいもん》**……五位の大名と旗本の礼服。直垂《ひたたれ》に大きな家紋がつき紋は九つ。袴《はかま》の腰紐《こしひも》は白。

6**布衣《ほい》**……無位無官ですが旗本の礼服であり、侍従以上の大名の家士も着用。形は狩衣《かりぎぬ》と同じですが、こちらは上衣も袴《はかま》の指貫《さしぬき》にも地織りの模様が入っていない無紋です。

7**素襖《すおう》**……無位無官の御家人の礼服。麻製で形は直垂、大紋と同形ですが違いは、前者は組みひもに対して素襖は〝胸ひもと菊綴《きくとじ》が革〟。袴の腰紐《こしひも》は共裂《ともぎれ》（同色）です。

8**長裃《ながかみしも》**……御節句などゆるい行事の時には上位であっても長裃で、下位になるほど普通の裃に。「麻」が正式で、「麻地の紋付に内着は〝熨斗目《のしめ》〟」が礼服です。お目見え以上の者は通常殿中に出仕する際には半裃でしたが、式日の内容により長裃を着用。

一　武家の家格と儀礼服

【大名・旗本の儀礼用服飾】

1
束帯《そくたい》

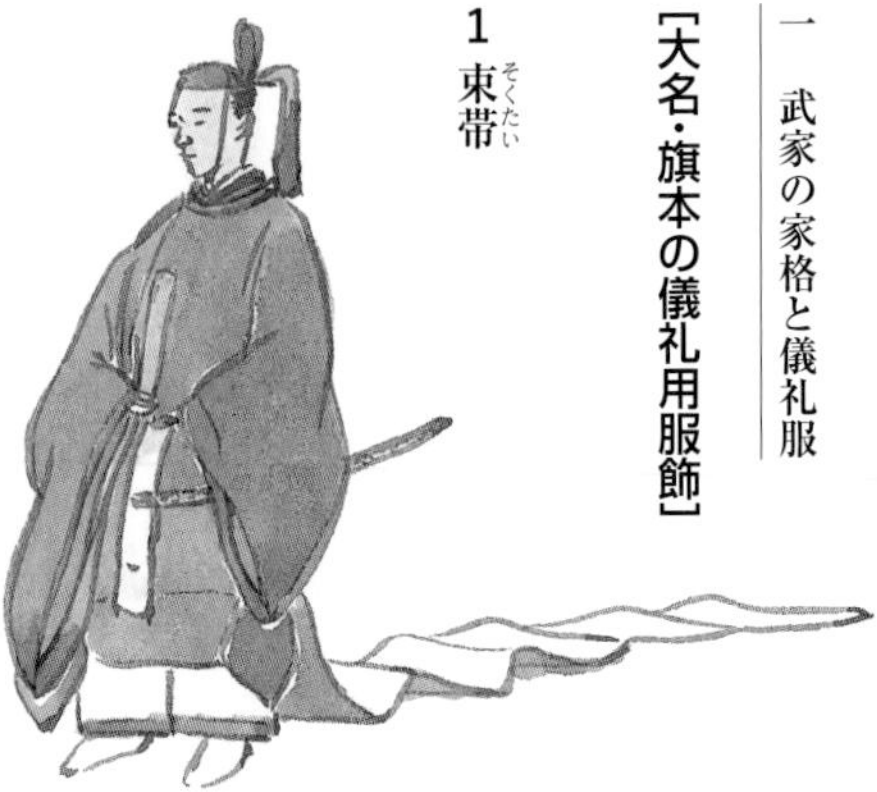

2
衣冠《いかん》

1、2は将軍から諸大名、従五位下までの官位の者が着用。公家系の装束で将軍宣下や対朝廷など特別な儀式用の衣服。

3
直垂《ひたたれ》

将軍家と有力外様大名、老中、従四位下侍従以上が着用。直垂は武家（着物襟型）の最上位の礼服。

4
狩衣《かりぎぬ》

四位、五位の高位大名と老中、高家の礼服。儀式の軽重などにより、直垂か狩衣のどちらかを着用。地織りに模様がある。

5
大紋《だいもん》

大名と旗本の礼服。大きな家紋がつけられた。紋は九つで袴の腰ひもは白。

6
布衣《ほい》

旗本の礼服。形は狩衣と同じだが、地織りに模様がなく無紋。

7
素襖《すおう》

御家人の礼服。直垂や大紋の略装。その違いは胸ひもと菊綴が革、袴の腰ひもが共裂。

8
長裃《ながかみしも》

ゆるやかな行事の時に着用し、順次半裃(足首丈の通常の裃)へ。麻地の紋付小紋染が礼装。内着は熨斗目《のしめ》。

㈡礼装・公服　三種類の裃《かみしも》

礼装、公服として最も多く用いられたのが「裃《かみしも》」です。通常は上衣である肩衣《かたぎぬ》と袴《はかま》が共裂であり、地質、色、柄を同じくすることから、上下《かみしも》と呼ばれました。裃は三種類あり、長裃（正装）、半裃《はんかみしも》（公服）、継裃《つぎかみしも》（公服・平服）があります。

上衣の肩衣《かたぎぬ》と長袴《ながばかま》を着用し、礼装とされた長裃、半裃（普通の足首丈の裃）は、ともに「麻地の紋付小紋染」。内着の冬の着物は熨斗目《のしめ》（絹で腰に縞《しま》や格子が入る）を正式とし、小さ刀と白扇を持ちます。家紋は背と、左右前襟《えり》、袴《はかま》の腰板の計四つ。略す時には「無地紋付」でした。また長裃はお目見え以上の者（旗本）が着用し、夏冬ともに単《ひとえ》の麻の小紋を正式とし、夏には透ける紗《しゃ》や絽《ろ》。地色は特に規定はありませんが、黒、茶、藍などの地に小紋柄の白抜き。

◆裃《かみしも》の変遷

上衣の肩衣《かたぎぬ》の形は、もとは素襖《すおう》の袖《そで》を切ったもので、江戸期に入ってから広く一般化。無地が基本ですが江戸初期には派手な唐織《からおり》の金襴《きんらん》の裃もあり、中期以降には肩に鯨《くじら》のひげを入れて肩の線を一文字に張らせたり、中期末からは「カモメ仕立て」と呼ばれる肩を斜めに、後ろを丸く軍扇のような形が流行。後には整然と折り目をつけた仕立てとなります。

初期の頃までは特に肩衣への規定はなく、各自の好みで登城していましたが、中期の頃から追々小紋を用いるようになり、公服化すると麻の裃が正式となりました（凶事には黒、浅葱《あさぎ》〔水色〕、白を用います）。

◆熨斗目《のしめ》　礼装の際、裃の下に着る着物

武家儀礼の際、礼装の素襖・大紋・裃の下には必ず熨斗目小袖（着物）を着用する規定です。この小袖には無地と腰替わりがあり、生地は練緯《ねりぬき》などの絹の無地に、腰部分に縞《しま》柄や格子の文様が入り、熨斗目は「腰替わり小袖」とも呼ばれます。色は御納戸茶《おなんどちゃ》（黒味の灰緑）が多く黒はない。

◆白無垢《しろむく》

諸大夫《しょだいぶ》（武家五位以上）が熨斗目の下に着る着物は、白無垢といい、表裏ともに白羽《は》二重《ぶたえ》か、白絹製を着用しました。下級武士と庶民は白は禁止です。

◆裃（半裃《はんかみしも》）　公服

半裃は通常「裃」と呼び、肩衣に袴《はかま》は足首丈の切袴《きりばかま》を着用するものです。通常の勤務に登城するお目見え以上（約二百石以上）の公服であり、下級武士や町人には礼装でした。

◆継裃《つぎかみしも》　公服・日常服

肩衣と袴を生地や色、柄の違う組み合わせで用いました。下衣は縞の平袴が多く各自の好みを反映でき、日常服でしたが後期の天明以降には公服としても用いられました。

【戦国時代〜江戸初期の肩衣袴《かたぎぬばかま》】

長裃　熨斗目長裃姿の武士

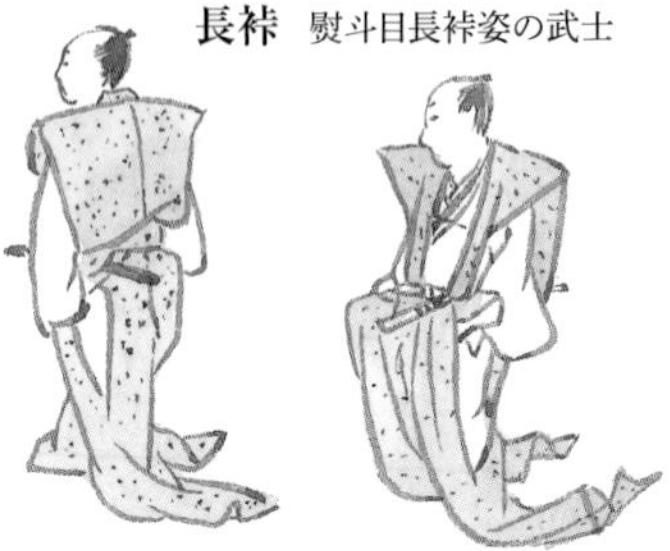

肩衣袴姿

「織田信長画像」より

織田信長像。肩衣袴の武将。当時の肩衣は幅が広く、胸前の打合わせも深い。

江戸時代後期の長裃

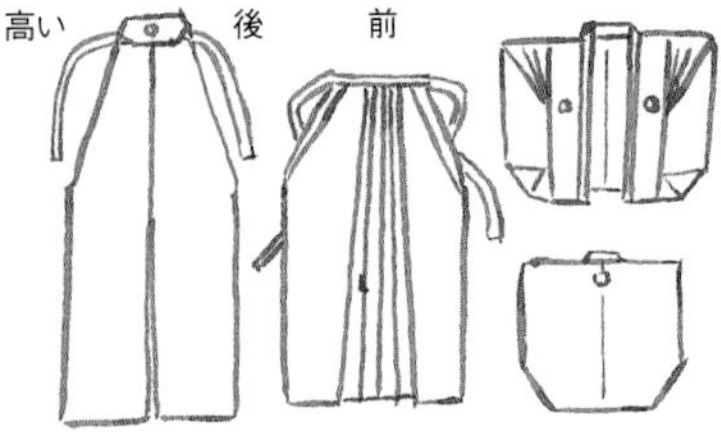

熨斗目を着付ける図

『武士生活史』より

熨斗目《のしめ》の図

『守貞謾稿』より

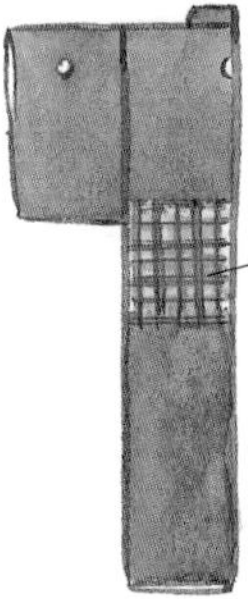

【継裃《つぎかみしも》】

継裃

肩衣と袴が共裂でない。
袴は仙台平など。

【半裃と熨斗目】

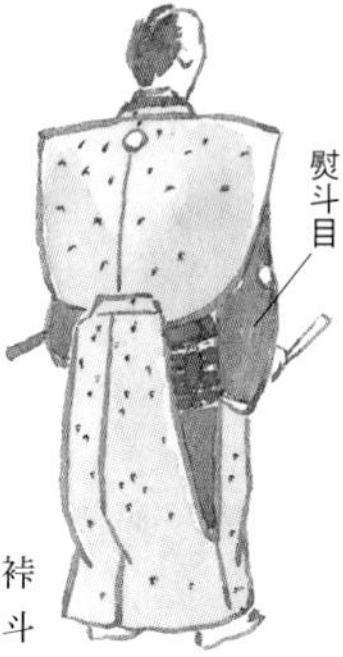

半裃

正装の時には半裃と、内着には熨斗目着用が規定。白扇と印籠を用いる。

左右とも『南紀徳川史』より

江戸後期の裃

『当世風俗通』より

肩傾斜直線

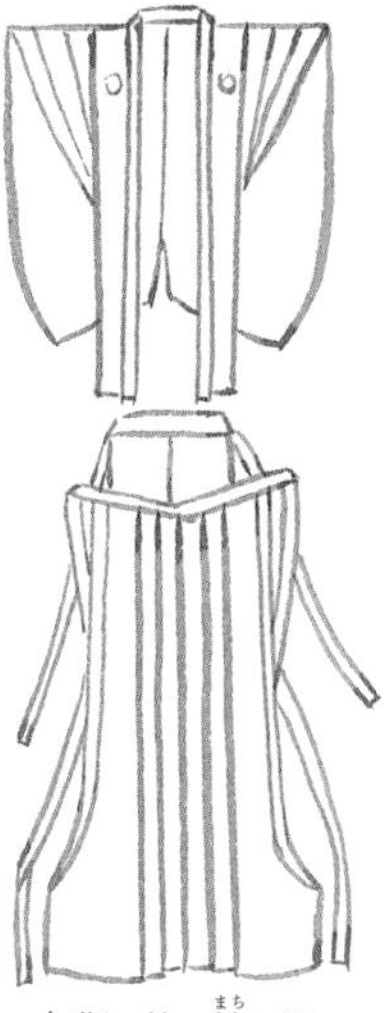

初期に比べ襠《まち》が深い

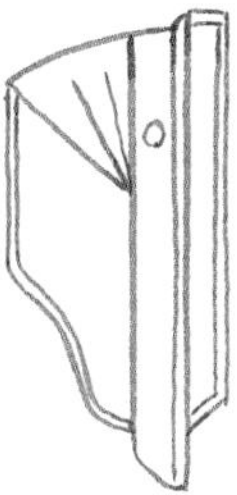

カモメ仕立て
（江戸中期後半）

肩傾斜強いものもある

『守貞謾稿』より

江戸中期（正徳～）
の裃

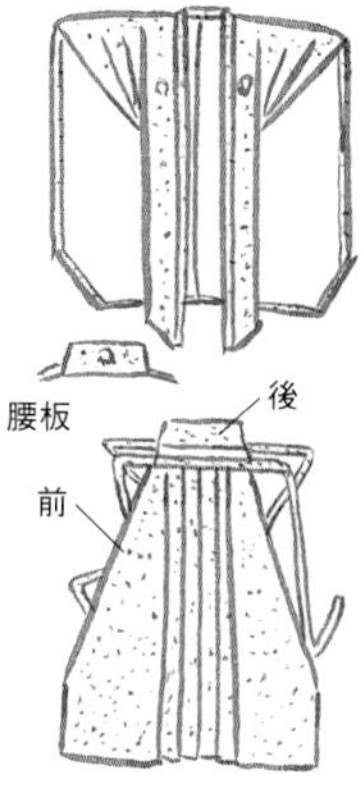

中央の五ひだを
寄せひだという。

㈢一般武士の礼装・外出着・日常着

江戸後期の江戸の暮らしや衣装を紹介した喜田川守貞著『守貞謾稿』を基に、この本では一般武士の礼装・外出着・ふだん着の三分類で明記。また当時は「準礼装のお古を外出着、外出着をふだん着にするのは貴賤ともに常」とあり、古びたら混在します。また下級武士と上層町人は同様の衣もあります。本書での平士は、七割を占める二百石未満の下級武士を一般武士としています。

◆一般武士（下級武士）の正装と礼服、紋付

一般武士や上層町人の正装は「裃《かみしも》」。これに準じる礼装は「定紋《ていもん》付染小袖（紋付）」で、生地は絹の黒羽二重《はぶたえ》で染め紋。夏の礼装用紋付は「麻地の紋付」であり、色は水浅葱《みずあさぎ》（うすい青緑）が主で、他に空色、縹《はなだ》（青）、鼠。「紋付」は五つ紋が最上で羽織にも五紋をつけます。武家や学者、医者などは五紋が普通で、庶民は三紋か一つ紋にしました。

この時代の紋は大きく「染め紋」でした。染め抜き紋は格の高い紋で、紋付などを染める時に紋を白く残したもの。他に刺繍による「縫《ぬ》い紋」（裃《かみしも》用の着物・熨斗目《のしめ》に）がありました。

◆一般武士の外出着

一般武士の準礼装や外出着には礼装から生地を変えて、絹物では小紋染《こもんぞめ》、縞縮緬《しまちりめん》、御召縮緬《おめしちりめん》を用いました。また織物では上田縞など艶や光沢のあるものや、紬縞《つむぎじま》を着用します。そして夏の外出着には「薩摩の紺がすり上布《じょうふ》」（価は高く、一反《いったん》三、四両～六、七両・約三十万円～七十万円）が多く使われ、他に越後縞、越後かすり、縮《ちぢみ》など。色は紺が多く、浅葱、白地など。これより少し気楽な外出着には「繭織《めいせん》・青梅《おうめ》」（低価な絹や絹と綿の交織）の生地を用いました。

◆一般武士のふだん着

武士の式服を除く衣服には二つあり、一つは通常の城中に出仕する勤務用の公服で、「裃《かみしも》」と「継裃《つぎかみしも》」（上下が別生地）。二つ目はふだん着です。階層により異なりますが、武家の敷地は二百石の与力の屋敷が約三百坪、二十石位の足軽長屋でも三部屋前後と武家地は総じて広いのです。その屋敷内での私的な装いは、対人の場合を除き「羽織袴」や「着物に袴」、あるいは「着流し」でした。これが武士の日常着（ふだん着）です。

「羽織」は黒か茶の縮緬の丸羽織を着用し、家内では柄物も着用。規定が多い公務服が中心の武家服飾の中で、羽織には丈の長短、羽織の紐《ひも》の長さなど、大きな流行が見られました。「帯」は平織りの角帯で、上級者は献上博多帯を用います。「足袋」は白足袋が正式ですが、日常には菖蒲革《しょうぶかわ》模様や小桜模様の染足袋など。また野外には紺足袋も用いました。

六百石級の武士の供揃い

『江戸幕府役職集成』より

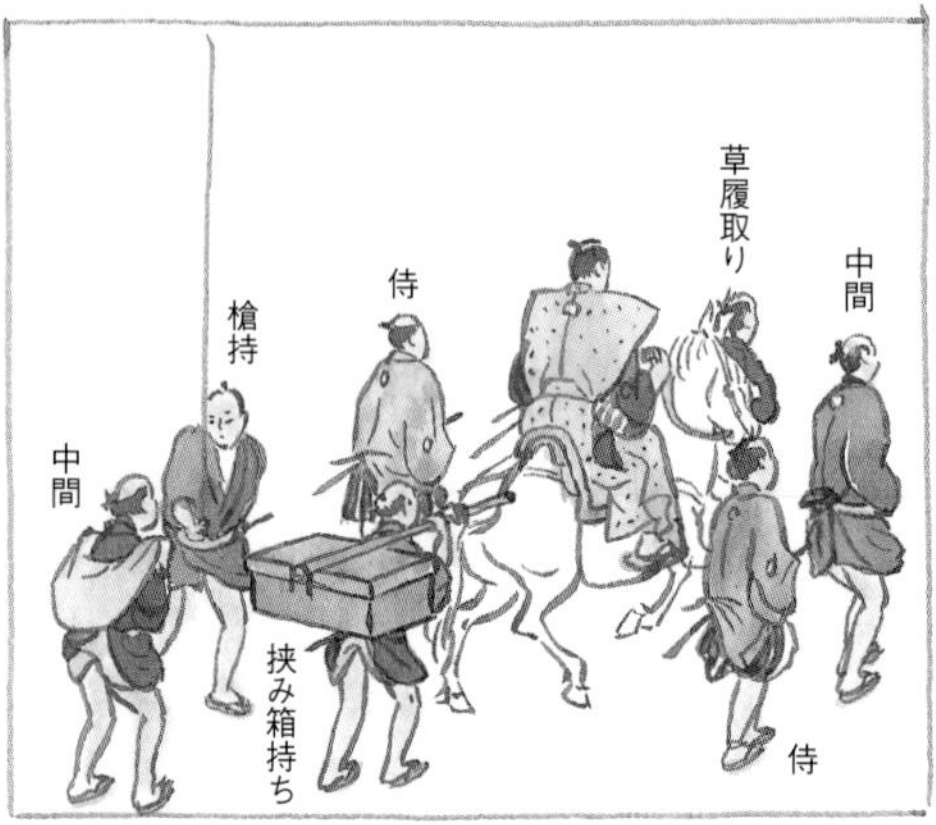

小笠原流

右の客人は継裃で内には熨斗目着用。もてなす方は小紋の裃。

名替え

元服の時に名前を頂く儀礼。仮親は紋付の羽織と袴。青年は紋付の熨斗目に袴。

上、下は『小笠原諸礼大全』より

【武士のふだん着】

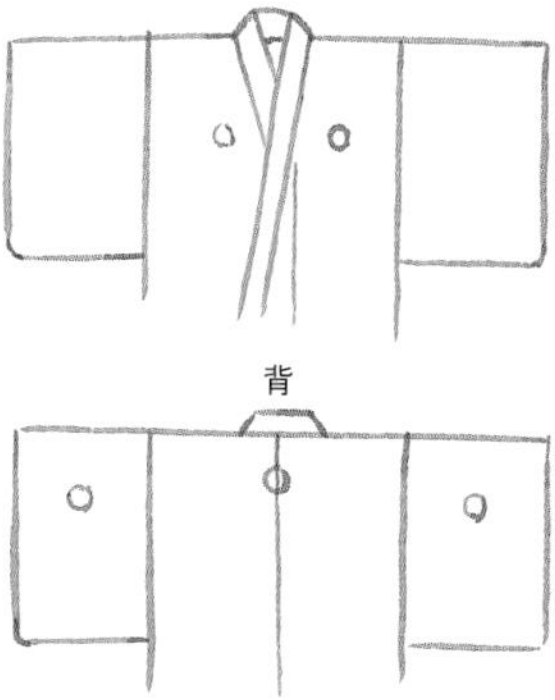

家紋付き衣服の図 『守貞謾稿』より

網代笠の武士と若衆

左の武士は羽織、袴。前髪立ちの少年は着物に縞の袴姿。

『和国百女』より

釣りから帰る武士

武士の外出着姿で、二人とも縞の着物に羽織。内には股引。

㈣男の着物全体　武家・町人　江戸初期〜後期

男女の着物の発展過程は、肌着から表着《うわぎ》へと昇格の歴史をたどります。桃山時代に男女ともに表着となった着物の形は、身幅が広くぶかぶかで丈は踵《かかと》まで。江戸初期にはこの形も男女共通です。しかし男子は初期以降は身分制のため、身分や各階級により職業別に改良し、発展させました。男子にとっての衣服は、身分、職業の〝規制〟がその多くを占めます。

男子の衣服は仕事着という規制が最優先です。ただし羽織の丈や着物、裃《かみしも》の柄、色には個人の好みを出せました。また男の髪形には武家、町人とも初、中、後期において流行が見られます。これに反し女子には流行に大きな流れがあった点が、男子と異なります。

【男物の生地・色】

◆江戸初期

江戸初期には武家が政治、経済、衣服ともに主導。桃山期の余波を受け、舶来品である金襴、緞子、錦の裃《かみしも》など、贅沢な外来文化の摂取が特色です。また幕府の体制が固まる前にあたるため、衣服の禁令のない自由さがありました。

武家男子用……繻子《しゅす》、羽二重《はぶたえ》、縮緬《ちりめん》、竜門《りゅうもん》、魚子《ななこ》、紬《つむぎ》。
縞物《しま》……八丈絹、上田縞、高山紬《つむぎ》、郡内絹。
夏用……越後縮《ちぢみ》、明石縮、絹縮、生平《きびら》。
庶民……植物繊維や麻が中心。木綿《ゆう》など粗末な布の着物を裾短《すそみじか》に着て、縄《なわ》の帯。
色……初期の庶民は絵画資料では白、緑、赤、空色、紺など明るい色調。

◆江戸中期

男は縞、小紋が流行しました。
縞が大流行……八丈縞、札差《ふださし》に唐桟《とうざん》（舶来の縞）。
光るもの……上田縞、郡内縞。
木綿縞《じま》……太織縞《ふとおり》、大縞、青梅縞《おうめ》、大名縞、細縞、万筋、小弁慶。
色……茶系、黒、鳶色《とび》（灰味のこげ茶）、鉄色。

◆江戸後期

目立たない渋い色や柄が主流でした。
柄……縞縮緬《しまちりめん》、結城紬《ゆうきつむぎ》、太織縞《ふとおりじま》、青梅縞《おうめ》、盲縞《めくら》、格子縞、薩摩の紺絣《がすり》。
新色……白茶、お納戸。
色……黒、納戸、藍、鼠、花田、浅葱。

江戸初期の小袖姿

男女ともに身頃がたっぷりで、着丈はかかとまで。帯でなく細ひも。

「阿国歌舞伎図屏風」より

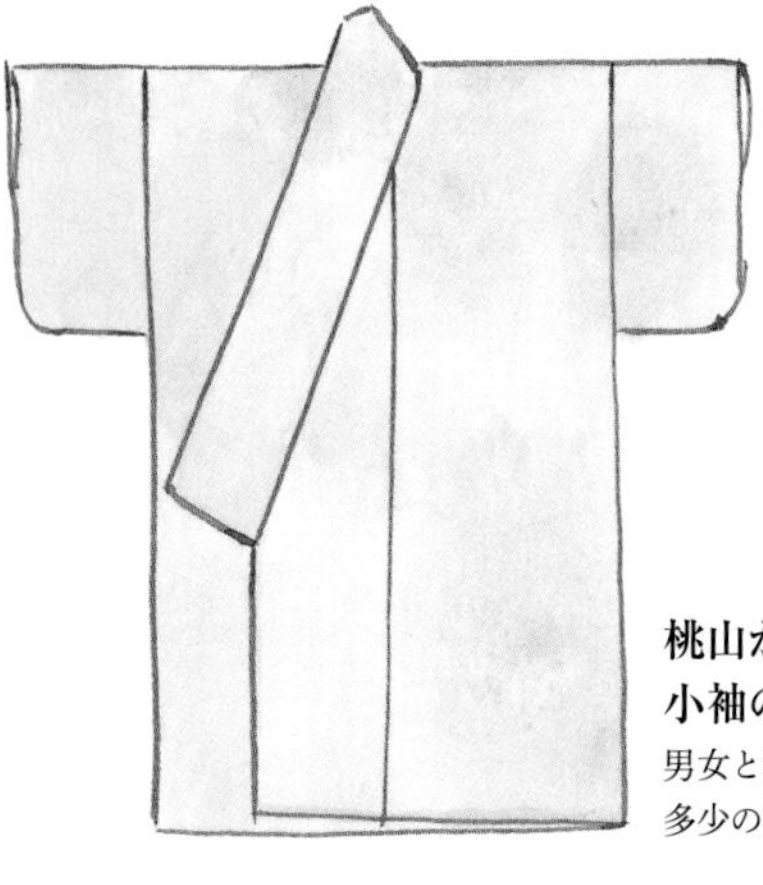

桃山から江戸初期の小袖の形

男女とも定形ではなく
多少のばらつきはある。

江戸初期の武士の小袖姿

皆、袖丈が短い

『他我身のうへ』より

江戸中期の小袖姿

形はほっそりとしてきて、
袖丈も長くなる。

『和国百女』より

㊄羽織　武家・町人

羽織の名称の起源は、一般的に短衣を帯をしないで放《はお》って着たからといわれています。最初は戦場での陣羽織でしたが、江戸時代には武士が将軍から羽織を賜る拝領の品に。最初は贅沢品でしたが、後に日常着となり庶民にも広まりました。次第に羽織を武家も町人も日常服として着だしたのは、元禄の前後からです。

羽織は上着であり、衣服の主役である着物と違い自由度が高く、丈、形、色調など大胆に変化し、流行の変遷がありました。仕立て方は胸紐《ひも》と襠《まち》（ゆとり布）がつき、襟《えり》は折り返して着ます。胸紐は共裂《ともぎれ》でしたが初期以降、組紐を使うようになり、またこの胸紐には趣向がこらされ、流行がありました。たとえば紐丈《ひもたけ》を長くしたり、自分では再び結ぶことが困難なほどの結び方を競う、また紐は長短狭広と、様々な流行がありました。

◆**男羽織の生地・色・模様**

○**初期と中期の生地**　縮緬《ちりめん》、絹、八丈《はちじょう》、絽《ろ》、麻、紬《つむぎ》、ラシャ、ビロード（天鵞絨）、革、鳥毛など。

○**初期と中期の色**　正式には黒（憲房色《けんぼういろ》）を使用。他に色に制限はなく、俠客、役者には紫や白など。

○**初期と中期の模様**　初期の羽織はまだ実用よりも伊達《だて》者の気質を反映しており、実用的な地味な柄は少ないようです。中期以降、町人は富家の男性は黒縮緬紋付が多く、庶民は無地、縞、小紋など。
○**後期の色と模様**　黒、茶、藍などの渋い色が好まれました。模様は縞柄や小紋が大変多いです。

◆羽織の種類
羽織の種類には、単《ひとえ》羽織、袷《あわせ》羽織、綿入《わたい》れ袖なし羽織、蝙蝠《こうもり》羽織、引きずり羽織、打裂《ぶつさき》羽織、胴服、十徳《じっとく》などがありました。
単《ひとえ》羽織……春は袷《あわせ》の着物の上に単羽織を着用。夏物は透けるゝ黒や小紋の羽織。
袷《あわせ》羽織……衣替《ころもが》えで秋から春三月末までは袷羽織を着用。庶民の生地は小紋縮緬、小紋。
蝙蝠《こうもり》羽織……江戸初期、寛永頃（一六二四〜）に伊達者に好まれました。袖が長く、身丈がごく短い羽織。その形が蝙蝠に似ていることからの命名。
引きずり羽織（長羽織）　江戸中後期……中期の元文頃、豊後節《ぶんごぶし》の宮古路豊後掾《みやこじぶんごのじょう》の装いが〝宮古路風〟と呼ばれて大流行。これはその名のごとくゾロリとした長羽織で、床をヒキズることからの名称。胸紐も非常に長い。
打裂《ぶつさき》羽織（武士用）……背の縫い目の下方が割れており、刀の鞘《さや》を出した。騎馬や旅行用。

[江戸初期の男の羽織]

蝙蝠羽織を着た若衆

江戸初期に武家の若衆に流行。
袖丈が非常に長く丈が短い。

『骨董集』より

袖無し長羽織を着た武士

江戸初期のもの。

『人倫訓蒙図彙』より

打裂《ぶつさき》羽織

武士の外出に用いられ、背の裾を縫わず、刀が出るようにしてある。

「歴世服飾図説」より

江戸初期男羽織

「川口遊郭図屏風」より

[江戸中期の男の羽織]

引きずり羽織（江戸後期）

羽織丈が着物丈と同じ位で、裾を引きずる程長い。

鳥居清長「当世遊里美人合」より

[江戸初期の男の羽織]

着物、羽織ともに袖丈が短く、袖口も小さい。

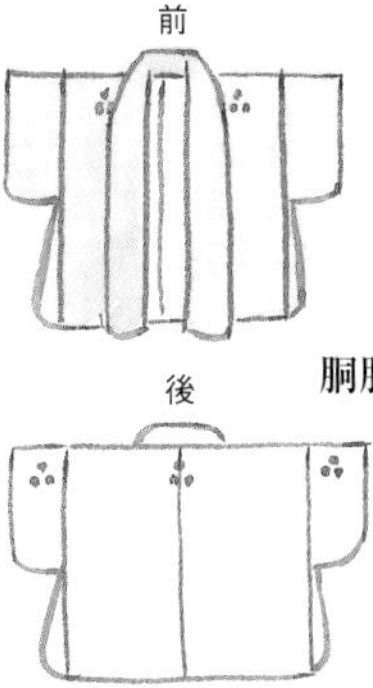

胴服

十徳《じつとく》

武家の供人の衣服として定着。十徳は広袖の上着であり、四《よ》幅袴《のばかま》をはく。同名異種がある。

「武家装束着用之図」より

㊅ 袴《はかま》

江戸時代の中期頃に継裃《つぎかみしも》といい、上下を別布で作るようになり袴は独立していきます。そこで袴は縞《しま》が多くを占め、生地も袴に向く生地が使用されました。また武家は公服、私服ともに袴をはくので、袴は武士の象徴でもあります。普通の袴を「平袴」といいます。平袴の武家の袴のマチ（股下の長さ）は、最初は高く、乗馬も可能でした。後に町人用の袴が宝暦頃にでき「町人仕立て」といって低いマチに。天明になると武家もそれを用いるようになり、乗馬には不向きのため、馬乗袴が発達してゆきました。

◆袴の襞《ひだ》

袴の襞は三種類あり、初期の裃《かみしも》期の袴は、ヒダをスカートのように全体に分散する構造で「すぐ襞」といいます。初期の末頃から中期の宝暦頃までは「寄せ襞」といい、両膝の中通りへ細くヒダを寄せて仕立てる風が流行しました。袴で座る時には袴の中に手を入れて、左右に広げて座りますが、これが立居に不便なので、後に「二の襞開き」が作られ、城中勤務の人々に愛用されました。

◆袴の衣替《ころもが》え

江戸期の袴の衣替えは端午（五月五日）より八月末日までの夏物は単袴《ひとえ》（一枚）をはき、

生地は葛布《くずふ》（無地の藍、茶、白）縞《しま》の麻布。上製は仙台平《せんだいひら》、川越平、五泉平。

冬期の九月一日から五月四日までは袷袴《あわせ》（裏付き）を着用。生地は茶宇縞《ちゃうじま》、唐桟《とうざん》、広桟。

江戸末期には国産、模造品の唐桟が流行。川越産で模造の川唐《かわとう》などです。

◆平袴の生地

江戸中期に入ると贅沢な生地が一般化。規定は麻裃であっても麻を使わずに竜門《りゅうもん》、琥珀《こはく》。夏は仙台平など高価なもの。しかし後期には節倹令が出されたため、粗布の小倉木綿《こくらもめん》、葛布に小紋柄など。色は茶、納戸《なんど》、縹色《はなだ》（うす藍）。

◆袴の種類　武家の平袴系統の種類

馬乗袴《うまのりばかま》……馬上用として仕立てた武士特有の袴で、股が深く割れているのが特徴。蝉形という厚板を入れて体を真っ直ぐに保つことができ、裾にビロードなどの縁をつけた。

野袴《のばかま》……武士が旅装や駕籠《かご》に乗るときに用い、形や仕立ては平袴と同じだが、裾に黒ビロードなどの縁布がつく。生地…上製は緞子、錦など。縞木綿。

裁付袴《たつつけばかま》　軽衫《かるさん》ともいう……江戸初期、南蛮風の影響を受けて作られ、袴のひざ下が脚絆《きゃはん》になり脚部に密着。脛《すね》の背面をコハゼ五、六個で留めたり、ひも留めもあり、旅行にも用いられた。後世は料理人、髪結い、大工、左官、鍋釜職他にも用いられる。江戸中期元文の頃より踏込袴が発達し、裁付を圧倒していった。

踏込袴《ふんごみばかま》……踏込袴は裾を次第に細く仕立てたもので、急に細くならず、袴と軽衫《かるさん》の中間。

伊賀袴着用図

『守貞謾稿』より

野袴着用図

旅などに用い、裾にビロードの縁布をつけた。

『風俗画報』より

半袴着用図

江戸後期のマチが深い平袴。

『青標紙』より

江戸中期の袴姿

江戸初期の肩衣、袴姿

袴のマチが浅い

「阿国歌舞伎図屏風」より

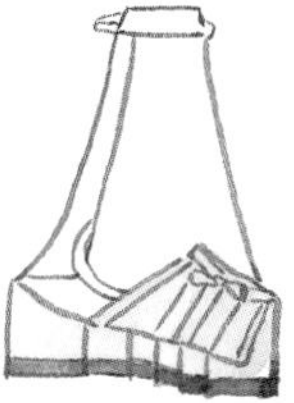

野袴

裁付袴（軽杉《かるさん》ともいう）

コハゼ留め、ひも留めがあり
旅行や仕事着に用いた。

裁付《たつつけ》袴と羽織姿

『大和耕作絵抄』より

馬乗袴

股が深く割れているのが特徴

袴の裾を下から見る

『守貞謾稿』より

江戸後期の袴姿

マチが深い

「日本橋絵巻」より

㈦男帯　武家・町人

古くは男女の帯に区別はありませんでしたが、江戸時代になると生地や帯幅、模様などに違いが現れました。江戸初期には男女ともに武家や町人の上層階級では幅８㎝程の「平《ひら》絎帯《ぐけおび》（平たい細幅帯）」や、円筒形の「丸絎《ぐけ》帯」を着用。庶民の間では帯は質素で、男女ともに縄に近いものや、粗布、そして細い余り生地が用いられました。この後女帯においては帯幅が広くなっていき、大きな変化が見られますが、男帯の場合は変化はなく、これは袴《はかま》との関係もあります。武家、町人ともに儀礼や外出で袴をはく場合には袴のひもが帯の役割をしました。また女性ほど装飾性を必要とせず、男帯は８〜12㎝幅が主流でした。

初期には帯用に特別に織らせることはなく、通常の織り幅に織ってある生地を割って使用。織り幅の生地を「六つ割り」「八つ割り」に割り、６㎝や８㎝幅の平絎帯としました。

絹物……縮緬《ちりめん》、繻子《しゆす》、紗綾《さや》、竜紋《りゆうもん》、琥珀《こはく》、繻珍《しゆちん》、魚子《ななこ》、博多帯など。

木綿……小倉木綿《こくらもめん》。

色……黒、紺、茶、鼠などの無地や縞《しま》、小紋が多い。

◆**江戸後期の男帯**

富裕な町人層の間では特に「博多帯」が好まれ、この織りは独鈷文《とつこもん》という仏具の模様を縞状に意匠化してあります。また博多産の「本博多」は高価であり、上質の糸を用いるため延びにくい美点があります。一方、商家の奉公人など〝庶民〟は、京都や甲州製の模造品や黒紗綾、小倉木綿、真田織りの帯などを用いていました。「小倉帯」の色は、革色、紺色、茶色などで、無地や縞柄もあります。

◆結び方

カルタ結び……江戸初期は男女ともに一様に「カルタ結び（石畳《いしだたみ》結び）」で、これは帯先を結ばずに折り込むだけの簡単な結び方。カルタ三枚を並べたように見えました。

猫じゃらし……江戸中期後半からは「猫じゃらし」が流行。長さ一丈（3.8ｍ）程の細長い帯を三回腰に巻いて、余りの一方を長く垂らしたものです。

竪《たて》結び（**駒下駄結び**）……武士はもっぱらこの結びで、腰に巻いた後、両端を折って挟む。

貝の口……武士と庶民の多くは、この形に結びました。巻いた帯の結び余りは、折り返した両端を上に向けて結びます。

神田結び……武家の雇人《やといにん》である小者《こもの》や陸尺《ろくしやく》（駕籠かき）、船頭《せんどう》、車力《しやりき》等が結び、これは武士や商人は結びません。帯の折り返した両端は下に向けました。

三尺帯《さんじやくおび》……鳶《とび》、職人、船頭、馬士、車力等が日常に締めます。鳶や印半天《しるしばんてん》を着る者は必ずこれを着用。昔は三尺手拭を用い、帯というより布で、体の左や右前で結びました。

腹切帯《はらきりおび》……中後期の通人達の一時的な流行。黒の羽織に緋博多の帯を締め、切腹のよう。

カルタ結び（石畳結び）　江戸初期の代表的な結び方で、カルタを3枚並べたように見える

片わな結び

片方がワの結び方。

『和国諸職絵盡』より

カルタ結び

『絵本御伽品鏡』より

カルタ結び

「邸内遊楽図屏風」より

僧

必ず前で結ぶ。

矢の字

両端を長く出した。

神田結び

小者や船人、車力等が結び、両端は下に。

貝の口

庶民に多い結び方。両端を上に。

帯の図（『守貞謾稿』より）

竪《たて》結び

（駒下駄結び）

武士はもっぱらこの結び方。

貝の口

「遊楽図屏風」より

博多織の図

独鈷《とっこ》形

富裕な町人層には「本博多」が好まれた。

三尺帯

鳶、職人、船頭などが日常に締めた。手拭や布を用う。

喜多川歌麿「橋の上下の景」

猫じゃらし

細長い布をざっと結ぶ。

『当世風俗通』より

腹切帯

鳥居清長「和国美人略集」より

腹切帯

鳥居清長「やつし忠臣蔵七段目」より

中、後期にかけて通人たちに好まれた。黒の羽織に赤の帯。

㈧一般武士（下級武士）御家人・与力・同心・御徒・足軽

最初に、徳川家家臣の階層を見てみましょう。将軍に臣従する武士は、大名・旗本・御家人です。幕府直参《じきさん》の家臣で二百石以上〜一万石未満が将軍にお目見え以上の旗本、二百石未満がお目見え以下の「御家人」です。幕臣全体では下級である五十石未満が圧倒的に多く、二百石までの御家人層で約七割を占めています。この層を本書では一般武士とします。基準となる俸禄二百石（俵）で代表されるのが町与力であり、御家人の役職としては、他に大番組《おおばんぐみ》（戦闘集団）、御徒《おかち》衆、鉄砲百人組などがあり、軍役と警護の役目でした。

【御家人の役職と服装】

〝御家人〟の服装は一般的には裃《かみしも》か、「羽織・袴《はかま》」でした。「与力」は約二百石取りで、二百五十坪から三百坪の個別の屋敷を拝領し、八丁堀の組屋敷に住んでいました。冠木門《かぶきもん》であり、玄関は式台（玄関前の板の間）付きです。与力は御家人でも上格なので、町奉行所への出勤姿は「継裃《つぎかみしも》（上下別柄）に福草履」。また別の記述があり、与力は本来は裃の着用は許されていますが、平常はもっぱら「羽織・袴」とあります。一方、報酬面では役目がら付け届けが多く、生活は楽でした。江戸後期には武家困窮のため同じ石高で供を四人も抱えられるのはもう与力しかなく、〝与力と同心は〝日髪日剃《ひがみひぞ》り〟で、毎朝、廻《まわ》り髪結が来て、髪を結い、髭を剃ってくれました。

「同心」は三十俵（石）二人扶持《ぶち》、お目見え以下の御家人です。粋な同心の装いは「黒紋付羽織に、着物は着流しで袴を着けず、足元は雪駄《せった》。帯刀で、結髪《ゆいがみ》は町人とも武家ともつかない、八丁堀風の〝小銀杏《こいちょう》〟」でした。通常外出の時には供一人の他に、手先である岡っ引きを二、三人連れています。廻り同心になるともっと粋で、着物の身幅を女幅に狭《せま》く、歩くと裾《すそ》が割れるように仕立て、三つ紋付の黒羽織の裾を内側にめくり上げ、端を帯に挟み込み短く着る〝巻《まき》羽織〟という特殊な着方でした。夏場は黒の絽《ろ》か紗《しゃ》の透ける羽織。着物は格子か縞の着流しと、粋の代表格です。

◆御徒と足軽

御徒、足軽は、約十石から三十石位の俸禄です。〝御徒と足軽〟は「法被《はっぴ》と木綿袴《もめんばかま》」で、供をする時には袴の裾を引き上げて（股立《ももだ》ちを高くとる）股引《ももひき》ははかず、常に空脛《からすね》でした。

門番、杖突（警備）、下座身（先触《さきぶれ》）など、武家屋敷を警護する足軽は、「法被と、三《み》ツ山形《やまがた》（△三角形）模様のついた木綿袴」を着用。彼らは年中単《ひとえ》の木綿袴を着用し、この袴は濃い萌葱《もえぎ》（深緑）色に三ツ山形の模様で、別名「菖蒲革《しょうぶかわ》色の木綿袴」ともいいました。各江戸藩邸の御徒や足軽は、屋敷廻りの外の塀も兼ねる二階長屋などに住んでいました。

与力（二百石）の屋敷と供揃え

『図説江戸町奉行所事典』より

二十石程度の足軽長屋

「大名と旗本の暮らし」より

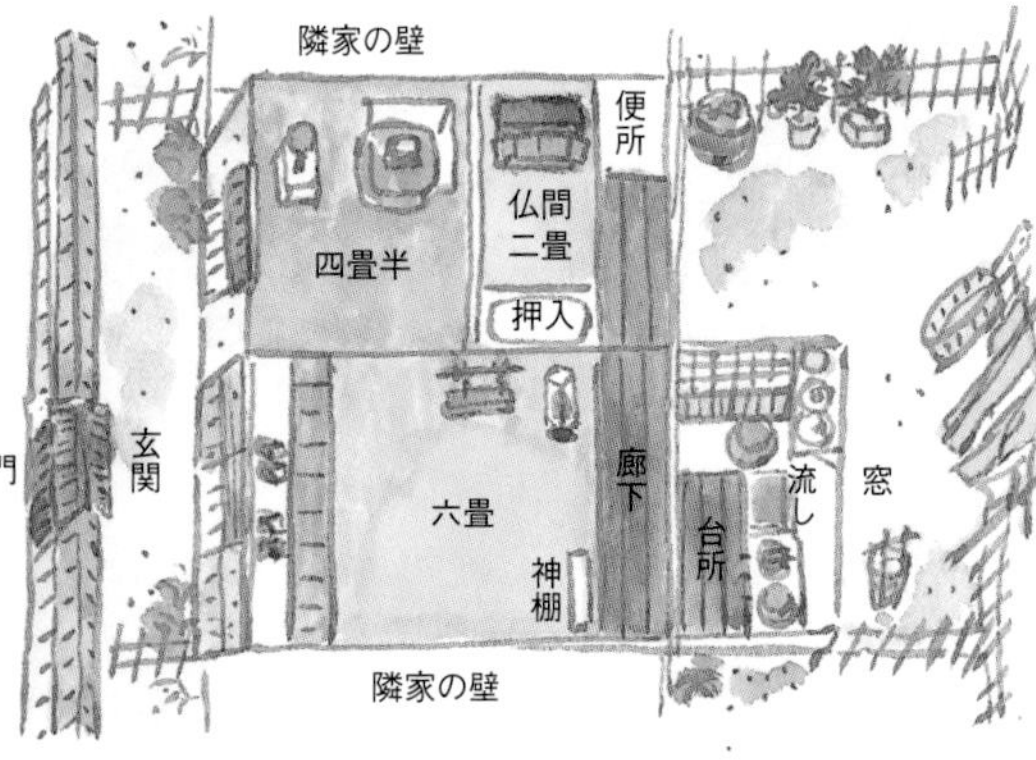

割羽織

股立ちを高くとっている

押足軽

供侍・押《おさえ》足軽

行列などの際に武家の奉公人である中間《ちゅうげん》・小者の供方を監督するのが、“押足軽”。

足軽

足軽は四季を通し菖蒲革模様の木綿袴着用。

御徒士《おかち》
（随従姿）

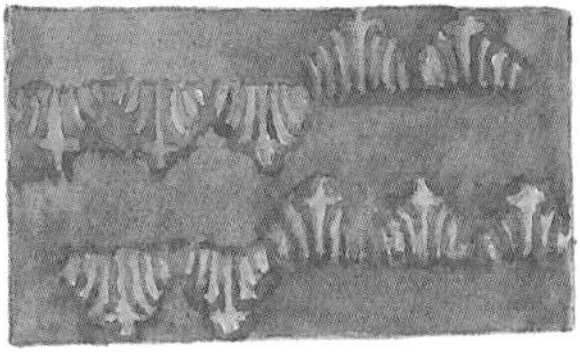

菖蒲革文様

菖蒲革文様

㊈武家奉公人

中間《ちゅうげん》・小者《こもの》

江戸の各藩の大名家や旗本の屋敷で働く、最下級の奉公人（武士ではない）が、中間《ちゅうげん》・小者です。江戸初期までは各藩とも中間や小者を抱えていましたが、武士階級の窮乏が進むにつれ、召し抱えることができなくなり、経費節約のため、中間・小者は口入屋を通して、期間で雇い入れる「出替わり奉公人」となっていきました。登城や参勤交代など、武士は家禄に応じて供人の人数の規定があり、必要な時のみ雇い入れるという形です。雇用期間は一年や半年から、一カ月、十日、そして一日雇いまであります。譜代の奉公人ではなく一期奉公で各家を渡り歩く者が増え（渡り中間）、博打をする者も。

仕事は主人の供として、槍持《やりもち》、草履《ぞうり》取《とり》、挟箱《はさみばこ》持ち、馬の口取《くちとり》、駕籠《かご》をかつぐ陸尺《ろくしゃく》など。他に、掃除や水汲み、風呂焚き、買い物などの家内労働もしました。給金は後期の天保頃の年俸で三両一人扶持《ぶち》が相場であり、自分の年俸のみで妻の分はない「三一《さんぴん》」です。

中間は大名から旗本屋敷の正門脇の門番部屋などに住み、日常の衣服は自前の木綿物ですが、供をする時は槍持や陸尺など各々により看板《かんばん》や紋付法被《はっぴ》を着用します。そして木刀をさし、草履《ぞうり》や草鞋《わらじ》をはきます。渡り中間の髪は頭上の髷《まげ》を一直線にしたものが多く、陸《ろく》尺《しゃく》の髷はやや短いものでした。

◆**看板**《かんばん》

武家の中間・小者が着る衣服で、槍持、草履取、傘持などが着用し、着丈も袖も短い半服が一般的です。駕籠をかつぐ〝陸尺《ろくしゃく》〟の衣服は、五カ所紋付の裾が長い看板と呼ばれる衣が多く、わらじばきです。別名「紺看板」と呼ばれるほど紺地が多く、背や袖に主人の紋所などを白抜きにしたので、「看板」の名称がつきました。

◆**法被**《はっぴ》

挟箱持《はさみばこもち》、合羽籠持《かっぱかごもち》など中間である武家奉公人は、着物の上に半天に似る半服で、はおる「法被」を着用しました。法被は木綿の単《ひとえ》（裏無し）で、背には主家の大きな紋章やすそに横筋などが白抜きで入ります。着物の方は尻ばしょりで着用し、木刀をさし、草履《ぞうり》かわらじばき。色は縹色《はなだいろ》（うす藍）が多く、あるいは茶色でした。

◆**桐油紙合羽**《とうゆがっぱ》**（袖合羽）**

雨の時、武家は上輩、下級武士や中間、小者ともに、必ず桐油紙製の袖合羽のみを用いました。「桐油紙」は、美濃紙に桐油《きりあぶら》を塗った油紙で、防水性があり軽く、合羽に適しています。上輩はもっぱら赤を用い、赤地に黄色で紋、印などをつけます。俗に「赤合羽《あかがっぱ》」（丹ぬり、赤茶色）といわれ、大名行列に加わる者達が用い、竹の笠を被りました。また袖《そで》のある桐油紙合羽を「豆蔵合羽《まめぞう》（形がやじろべえに似）」ともいいます。

素材は桐油紙（油紙）。色は白、赤茶、黒、青漆色。紙合羽には単《ひとえ》と袷《あわせ》があります。

日本橋をゆく武士と供人の一行

用人、馬の口取、槍持、挟箱持、雨合羽の籠持ち、草履取などがいる。法被を着用した姿。

「日本橋絵巻」より

法被《はっぴ》

武家奉公人である上記の人々が着用した半服。

『守貞謾稿』より

豆蔵図
江戸にてやじろべいと言う

『守貞謾稿』より

陸尺（六尺）

陸尺は駕籠をかつぐ役で、その衣服は5か所に紋が付き着丈が長い。

[陸尺看板]

『徳川盛世録』より

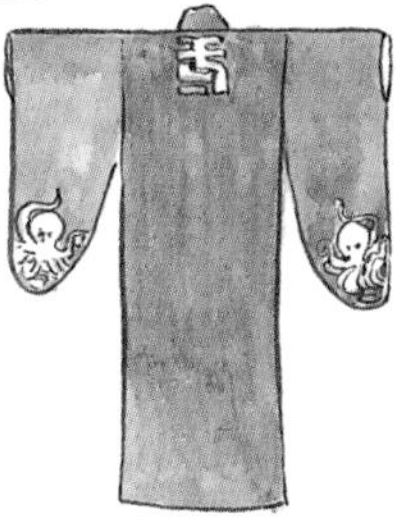

陸尺看板　紺木綿地染入

法被

小人・小者　武家の雑役に従事した。上衣は法被で袴は股立ちをとっている。

桐《とう》油《ゆ》紙合羽《がっぱ》（赤）

橋を渡る大名行列の先端。菅笠に桐油紙製の袖合羽を着ているのは、下級武士や武家奉公人達。

土山〔春之雨〕

㊉僧衣・文化人系

貴人私服・医師・絵師・僧・儒者・茶人・俳人

法衣から発生した衣服は、様々に変化を見せ、また世俗を捨てた人達に着用されました。高位の公家や大名屋敷での私服として用いられたほか、僧、儒者、医師、絵師、茶人、俳人などの学問や技芸を仕事とする文化人や、剃髪者などに着用されました。

◆**直綴《じきとつ》**

僧衣の一種で、もとは袍《ほう》（上着）に裳《も》（襞《ひだ》のある布）を綴じ付けたところから出たとされ、裳付きの僧服。直綴の色は普通は黒か濃紺。直綴は法印《ほういん》とか法眼《ほうげん》などの高位を持つ絵師や医師の「礼服」でもあり、これは羽織に似た黒の絹の直綴に長袴《ながばかま》をはいた。

◆**編綴《へんてつ》**

儒者や医師などの剃髪者は広袖の絹地で羽織に似たものを礼装の着物や上麻地の着物上に羽織った姿が正装。後期には俳諧師、狂歌師、碁打ち、卜者《ぼくしゃ》、将棋指し、隠遁者などが編綴を着用。形は広袖で脇の裾下が開いており、身丈は膝頭ほどで、胸に小紐《ひも》が付く。

◆**道服《どうふく》**

江戸期には堂上《とうじょう》（公家殿上人）、大・中納言。武家では大名などその職を離れ隠退し文化人として過ごした人々が私邸内の略服として、烏帽子《えぼし》や袴《はかま》をつけて着用。僧服と同形で袖幅は広く、腰から下に襞《ひだ》のある裙《も》がつく。色は白か墨染めを除く〝色物〟。生地は絹製。

◆**小道服**

中後期に高位の公家や大名が日常の家居において着用。道服の腰から下の襞を略して縫合したもの。形は腰で絞り、裾で広がっていて、脇はかがり紐が飾りとなっている。

◆**十徳《じっとく》　前述の十徳とは別な衣**

こちらは僧服の系列のもので、幕府の茶坊主頭《がしら》は「十徳と長袴」。茶坊主は「十徳と着流し」が普通でした。十徳は茶道の人達の正装です。十徳は法衣ではなく、準ずるものとして、医師や文化人、公家、武家、町人の隠退者も平常に用いています。この形は羽織タイプで、丈は膝位。広袖で両脇の袖下から襞《ひだ》が付く。生地は絹の紗の無地、単物で色は黒。

◆**雲水《うんすい》の旅装**

行先を定めずに行脚する雲水の衣は、形は墨染《すみぞめ》の直綴《じきとつ》で広袖であり、下衣の裳には襞《ひだ》がとられています。帯は手巾《しゅきん》という墨の丸ぐけの帯であり、白脚絆《きゃはん》に草鞋《わらじ》。五条袈裟《けさ》を肩にかけ頭陀袋《ずだぶくろ》を前に吊して、その上から文庫と行李《こうり》を振分けにかけます。笠は網代《あじろ》笠。

◆**虚無僧《こむそう》**

普化《ふけ》宗の僧で尺八を吹いて托鉢する半僧、半俗の流浪の僧。江戸期には武士や忍者が身分を隠し僧籍を得て巡ることとも。天蓋《てんがい》（笠）を被り、紺黒白の着物に帯を締め、袈裟を肩にかけ、胸には尺八の譜入れの偈箱《げばこ》を吊す。尺八、数珠を持ち、手甲、脚絆にわらじばき。

[法眼《ほうげん》(医師や絵師の礼服)の装い]

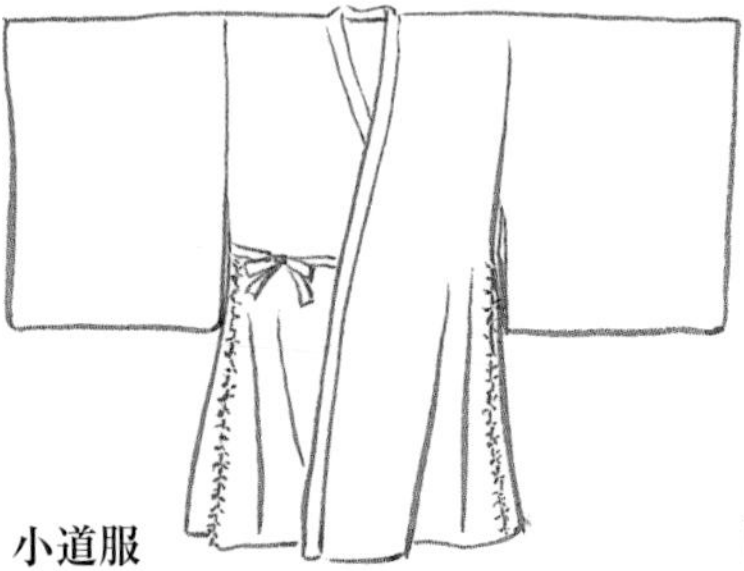

小道服

香色、繁菱文綾の織り文様が入っている。

直綴《じきとつ》

上着は直綴。

『徳川盛世録』より

旅中の雲水・直綴

褊綴《へんてつ》姿の俳人

胸のあたりに小ひもが付く。

道服姿の茶人

道服は黒か濃紺がふつう。

『原色日本服飾史』より

袖付きの胴服姿

[胴服《どうぶく》]『有職故実大辞典』より

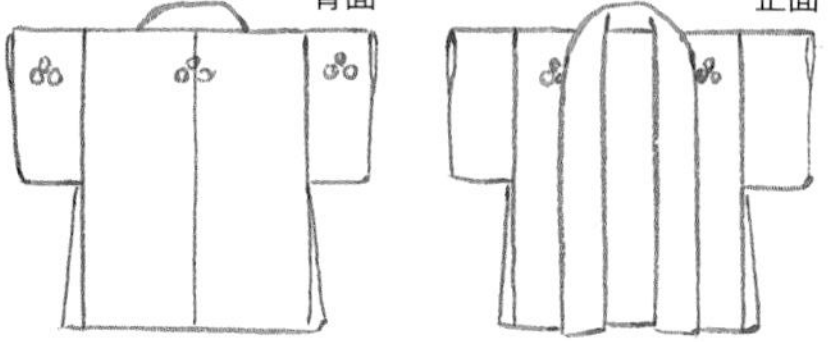

[十徳《じっとく》]

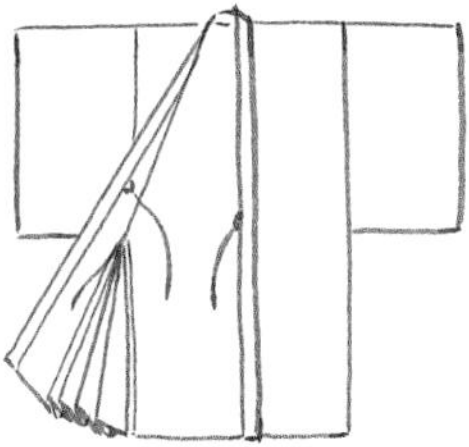

『南紀徳川史』より

十徳姿
表着《うわぎ》は十徳で、内に着ている着物は「熨斗目」という腰替わりの着物。

[虚無僧]

『原色日本服飾史』より

⑪初期の特徴ある人々

豪快できらびやかな桃山文化と、戦国時代の余波が残る江戸初期。まだ社会は不安定で、徳川家二代秀忠から四代家綱までの大名取り潰しと転封は、九十五件程に上ります。市中には浪人が充満し、辻斬り、喧嘩沙汰が絶えず、物騒かつ混沌とした時代でした。幕府は今までの武弁殺伐とした気風を抹消したいと思い、文治政治への急激な転換を図ります。

【旗本奴《やつこ》と町奴《やつこ》】

こうした世相の動揺の中から「男達《おとこだて》」という現象が起きてきます。その背景には徳川家の永続や新秩序を構築したい幕府の意向があり、男達の勃興はこれに対する反発や憤りです。この風潮が寛永期に最初に現れるのは「旗本奴」次いで「町奴」です。彼らの当初は「男達」つまり強さを看板とし義を守り、暴れ歩くことは法度でした。この規律は後には廃れ、旗本奴の横暴をくじこうと出現してきたのが「町奴」ですが、彼らも寛文頃には同様に庶民に害を与える結果となりました。「旗本奴」は正保・慶安頃から党を組んで江戸市中を徘徊し、代表的な徒党には神祇《じんぎ》組、鶺鴒《せきれい》組、吉弥《きちや》（屋）組、白柄《しろつか》組などがあります。旗本奴を代表する者が神祇組の頭領「五千石の旗本、水野十郎左衛門《みずのじゆうろうざえもん》」であり、町奴を代表するのが、水野の屋敷で殺された「幡随院長兵衛《ばんずいいんちょうべえ》」です。旗本の水野はのち、寛文四年に所行を咎められて改易に処せられました。

◆伊達者《だてもの》・かぶく者

さて男達《おとこだて》あるいは「伊達者《だてもの》」「かぶく（傾く）者」ともいいますが、彼らは衣装においても目立つ存在であり、際立った者となっています。「伊達《だて》」というのは伊達政宗に代表されるお洒落で斬新なスタイルから始まった言葉です。「傾《かぶ》く」というのは正統ではなく傾く、常軌を逸しているという意味。かぶく者や遊女は規範の埒外にあり、自由で大胆な衣装を好み、大柄な模様や奇抜な模様を気ままに用いました。

白柄《しろつか》組の衣装　「旗本奴」を代表とする白柄組の衣装とは、『我衣《わがころも》』によれば、「喧嘩のときたぶさ（もとどりであり頭上で束ねる所）を掴まれないように髪を手一束《たば》に切って用心し、冬は紺縮緬《ちりめん》白の大綿入《わたいれ》（全身綿入れの着物）に、白い帯を三重に回して、袖《そで》口は白く太く縁取《ふちど》り、着丈は三里の下（膝頭の外側の下）位に短くして、鉛《なまり》を三匁《もんめ》ずつくけこみ（重くする）、褄《つま》（前裾《すそ》）がはね返るのを良しとす。刀の長い大小も帯に差して、柄《つか》糸、下げ緒《お》もみな白ずくめにしていた」とあります。

唐犬《とうけん》権兵衛の衣装　また町奴である唐犬権兵衛の衣装は、衣の裏には紅絹《もみ》を用い、着物の裾には雁木《がんぎ》（のこぎり状に△連続柄）の裾模様を常に着用し、額《ひたい》は広く抜き上げた唐犬額《とうけんびたい》にしていました。

「邸内遊楽図屏風」より

「遊楽図屏風（相応寺屏風）より」

[屏風絵による江戸初期の人々]

当時の男マゲは頭頂を広く抜いて痛さをがまんできるという、男の強さ誇示の時代。また自由なおおらかさがあり、かぶく者たちは長刀を差し、男の着物も派手です。

武士に好まれた勝ち虫（とんぼ柄）の着物の少年。
「邸内遊楽図屛風」より

振袖の美少年を連れたお大尽風の武士。
「江戸名所図屛風」より

編み笠を被った上に、手拭で顔を隠し、目だけ出す男も多い。
「江戸名所図屛風」より

編み笠を深く被ったかぶく者。赤の長刀を差す。
「江戸名所図屛風」より

ふつうの武士
「江戸図屛風」より

芝居小屋の観客には高価な鹿《か》の子絞り（右の少年）や派手な少年（右二人）を連れた富裕な武士や町人も多い。

四 町人男服飾

㈠町人男の礼装

『守貞謾稿』によれば、「武家と同じく町人も礼・晴・略・褻《け》（ふだん着）」に分かれています。中上層の人々の外出用の生地は、上流のふだん着でもあります。また礼装のお古を準礼装、外出着のお古をふだん着へと下げるのは常であり、階層と衣服のTpOが重複、混在しているので、まぎらわしく、注意が必要です。

◆上層町人の礼装は裃《かみしも》

下級（一般）武士である御家人層と同様に、上層町人も正装は「裃」であり、袴《はかま》は足首までの丈《たけ》でした。内に着る着物は、高位の武士は熨斗目《のしめ》小袖（礼装用の着物）でしたが、町人は着用できません。そこで町人が「裃」を着用する際に内に着る着物は必ず「紋付《もんつ》きの着物」となります。幕府が正月に催す「町入能《まちいりのう》」に上層町人を招きますが、これは家康が江戸開府の時に功績のあった人々です。彼らは地主（家持）、家主《いえぬし》（大家《おおや》）層であり、江戸城で観能の際には礼装である裃姿で登城しました。

◆上・中流以上の町人の礼装　裃《かみしも》ではなく羽織・袴《はかま》に

中上層の町人の礼装は「黒の紋付き着物に、羽織・袴」です。庶民の紋は通常三つ紋か一つ紋にします。また階級やTPO（時と場所と場合）の差は「生地」に表します。

この層の礼装生地は羽二重《はぶたえ》（なめらかで艶がある絹）がもっぱらで、準は竜門絹《りゅうもん》（地質が厚いため、裃、袴、羽織などに）。黒無地です。まれにお納戸《なんど》茶（黒っぽい灰緑茶）もあります。夏には「奈良晒《さらし》　麻の紋付き着物」。色は水浅黄《あさぎ》（薄い青緑）。これらの礼装は無地ですが、「小紋染」（微細な柄物）にしたものは、準礼装や外出着に用いました。

◆中流町人の礼装　袴《はかま》がなく着物と羽織に

中流町人の礼装は「黒の紋付き着物と羽織」です。生地は川越織《おり》や紬《つむぎ》（くず繭《まゆ》で低価）。

◆中流以下町人の礼装

中流以下の町人の礼装は、やはり「黒の紋付き着物」ですが、生地は低価な紬《つむぎ》になります。

◆農村の礼装

ちなみに農村での礼装は、「黒の紋付き着物」ですが、生地は木綿地に紋をつけました。都市部では木綿は用いませんでしたが、都市の下層では木綿を用いた記述もあります。木綿着用に関しては、農村での一般農民は、絹を禁止されていた事情も含まれます。

一　男の礼装

菱川師宣「吉原遊興図屏風」より

㈡町人男の準礼装・外出着・ふだん着　江戸後期

◆上流町人の準礼装

上流町人の「準礼装」は「唐桟《とうざん》」の着物。下級武士は光沢のある上田縞《じま》などを用いますが、上流町人は一見地味な唐桟（舶来木綿縞で高価）を着用しました。これは贅沢な衣類の禁令（絹や高価な着物は禁止）や、武士への遠慮を背景にしつつ、その中で、意気地や粋を混在した気持ちと思われます。実際に、唐桟は木綿縞ですが渡来品のため高価であり、価は上田縞の五、六倍はします（一衣の価は二両より五十七両に至る）。

◆上流の準礼装・外出着

上流の準礼装・外出着には、「薩摩の紺絣上布《がすりじょうふ》」を専用とし、価は高く一反、三、四両から六、七両に至りました（たとえば下女の一年の給金は一両二分）。また薩摩上布の模造品は、越後産で一反一両から二両しました。

ただし、絣の着物は上布であっても、貴人や貴家に行くのにははばかられたと『守貞謾稿』にはありますので、絣は高価ではあっても、格は高くなかったようです。

◆中流町人の準礼装

中流町人の準礼装には、唐桟の模造品であり、川越で生産している「川越唐桟《かわごえとうざん》」略して

「川唐《かわとう》」を用いました。中流以下の準礼装、外出着には、「結城紬《ゆうきつむぎ》」などです。

◆上流町人の外出着・ふだん着

上流町人の外出着やふだん着は、「着物に羽織姿」などで、生地は「青梅縞《おうめじま》（絹と木綿の交織）」や䌊織《めいせん》（くず絹を使い低価）。つまり気軽な絹使い。

◆中流町人の外出着・ふだん着

総じて町人男子のふだん着には、上流町人であれば青梅縞や䌊織などの絹との交織、中流以上には結城木綿縞など、「木綿縞」の着物が用いられました。またふだん着には階層を問わず、木綿地が愛用されました。

◆「木綿」は江戸の新素材

木綿は戦国時代に明の綿種が再伝来し、綿花の栽培が行われました。江戸と現代の綿では品種が違い、江戸期の綿は繊維が短くて太いのが特徴。木綿が登場するまでの布は、麻や硬い樹皮からとった布でした。新素材の木綿の特徴は、保温、吸水性があるので冬は暖かく、夏の汗も吸とります。さらに耐久性も優れるという画期的なものでした。中期の貞享三年（一六八六）には、大伝馬町に木綿を専門に扱う木綿問屋七十軒ほどで販売が開始されます。そこから木綿が一般に広く愛用されるのは、江戸中、後期以降からのようです。

[江戸中期の男たち]

中期の遊郭と、オシャレをして通う男子たち。流行の市松模様の羽織や、着丈を短くして元禄風。

「江戸風俗図屛風))より

後期の趣味人が料亭で俳句を詠んでいるようで、マゲは本多髷らしい。

江戸後期　版本より

中期頃の風俗で、富裕層の茶人たち。真ん中には茶道具がある。

江戸中期　版本より

[江戸後期の男たち]

右の男が裃なので武士と儒者などの一行らしい。男の髪形は上から下に急降下する“文金風”。
江戸後期　版本より

後期の水茶屋で茶を喫している一行。
鳥居清長「育御江戸之花」より

綿入れ丹前に帯はひも結びの長屋の主と人々。
江戸後期　版本より

江戸中期、若衆（少年）の振袖姿と供人。
「職人図屏風」（延宝〜天和）より

㈢商人・大店《おおだな》

江戸の商いは大きく三つに分かれ、日本橋などの目抜き通りでは「大店《おおだな》」が関西方面から仕入れた高級品を売り、町内各所では「小店《こだな》」が日用品を売っていました。また路地裏には「物売り」がやって来て、細かいものを商いました。この三つ「大店・小店・物売り」はそれぞれ着用する衣服も異なります。最初に大店から見ましょう。

江戸初期の関東は、江戸の需要をみたす経済力や諸商品に欠け、関西から物資を入れていました。そのため京都などに本店があり、支店として江戸店を置きました。これは江戸《えど》店持京商人《たなもちきょうあきんど》と呼ばれ、扱う商品は米、醬油、呉服、書籍など。本店や主家が京都にあるため、江戸店では支配人のもと奉公人は京本店より採用され、すべて関西人です。奉公人は、丁稚《でっち》、見習時代を経て二十歳頃に手代、昇進すると三十歳過ぎに支配格、この上に番頭ですが、多くは支配格前までに病死や解雇、勤続十数年の円満退職での解雇となります。

◆奉公人の階級

さて大店は、一店舗での人数も多く、百人から二百人を超える時期もあります。昇進制度も細かく分かれており、白木屋《しろき》では子供（丁稚）から平役、上座、連役、役頭《がしら》、組頭、支配（ここまでが手代の上位で三十歳前）。通勤支配、後見、名代、勘定名代、元方掛名代、加判名代、元〆《もとじめ》、大元〆となります（店により役名称は異なる）。

◆勤続年数による生地の格差

大店の場合は衣服も、年齢や階級により分けられており、大別するとまず年齢により生地に五段階の差があります。白木屋の例では丁稚の奉公八年目までは木綿格、九年目からは青梅《おうめ》格（絹と綿の交織）、十二年目から太織格、十五年目から紬《つむぎ》格、十八年目から絹格です（この絹格の時には冬の着物は絹秩父、襦袢《じゆばん》は絹紬《つむぎ》、帯は無地琥珀《こはく》が許される）。以上は年数による生地の格差で細かい規定です。ちなみに丁稚はお仕着《しき》せの「松坂木綿」の縞物が一般的であり、手代になると結城紬が着用できました。

◆役職による生地の格差

さらに役職、階級による衣服の差があり、たとえば「平手代の小頭」は、夏は越後縮《ちぢみ》の晒染帷子《さらしぞめかたびら》（麻の上布）、小紋縮緬《ちりめん》の単《ひとえ》羽織。「組頭《がしら》」は、唐桟留《とうさんとめ》や本八丈縞。そして「支配役」は、木綿太織、越後縮《ちぢみ》を常用などです。

これらを見ると、武家の礼装は身分と階級により主に「形」で分別され、見た目ではっきりと地位が分かったのに対し、商家大店の服の階級は、「生地の質」です。商人の着物は形、色、縞柄など皆似たようなものですが、階級の差は生地の質を木綿から絹に至るバリエーションでつけました。さらに産地別で差別化した点が特色です。

手代か支配格

まだ元服前の見習時代

呉服店　越後屋　享保の頃の店内の様子

奥村政信「駿河町越後屋呉服店大浮絵」より

有徳な商家のあるじ

山東京伝『江戸風俗図巻』より

丁稚

歌川豊国「山東京伝の見世」より(下3点)

㊃商人・表小店《おもてこだな》

多くの庶民が住む町内の表通りには、表店《おもてだな》（表長屋）と呼ばれる長屋が建っています。一棟を二〜五軒で割ると、一軒《けん》の間口《まぐち》は一〜二間《けん》の小店となり、これが表通りや裏通りにも、小規模ながら個性的な店としてありました。

◆小店《こだな》の内部

この小店が入る建物は、長屋としては上クラスの二階建てがほとんどで、ほぼ借家です。間口は3.6ｍ〜5.6ｍ位。店の内部は一階には八畳から十畳ほどの土間があり、ここが店舗部分。八百屋ならここに木の台を置き、野菜を並べて商いました。土間から障子を挟んでその奥には、帳場や家族居間の畳敷きの六畳。さらに奥に台所、便所、小庭、二階は八畳と六畳ほどで、屋根上には物干し台があります。

◆種類と商売

表小店は、江戸庶民の生活を支える食品や日用品が主で多種多様な商売があります。玄米を精白にして売る舂米屋《つきまい》、八百屋、乾物屋、たきぎ屋、絵草子屋など。中小の店は産地からではなく問屋から仕入れた商品を店頭に並べて売ります。当時は盆暮れに半期で支払う「売掛《うりかけ》」が多く、小店では酒、醤油など食料品や日用品を扱うため日常はツケでした。

◆小店は夫婦共働き

絵画資料での小店の店主は「着物に前垂《まえだ》れ姿」が主なようです。従業員は店主一人か夫婦での家内労働。奉公人はいても一人か二人という人数では、衣服の方も階級的とはなりません。また大きい店では店と奥の家族棟とは分離していて、主人の妻や娘が店に出ることは禁止でしたが、小店となると、女房は共働きの場合もあります。水茶屋や楊枝屋など職種によっては女子が「看板娘」になっている場合もありました。それから奉公人は「丁稚十年、手代十年」というのが普通で、途中で行商人（物売り）になる人もいたようです。

◆製造をも含む江戸の小店

現代の商品は包装を完了して販売されていますが、江戸の小店の場合は異なります。ある程度の製造をも含めた販売形態が大変多いのです。薬屋は乾燥した薬草を店奥で磨り潰して調合したり、煙草《たばこ》屋は煙管《きせる》用の広い煙草の葉を刻み、ブレンドもします。醤油などの液体は樽下の口から客の手持ちの瓶に注ぎました。作業を含めての衣服となります。

◆表小店の衣服

小店は製造と店売りの装いといえます。その衣服は大店同様、夏のお盆や年末に店から支給される〝仕着《しき》せ〟です。仕着せは主人の妻、娘、姑、女の奉公人たちが人数分を縫って用意しました。「縞や全身模様の着物に、前垂れ（前掛け）姿」が一般的で、冬場は羽織やちゃんちゃんこを羽織ります。また着物の下には股引《ももひき》や脚絆《きゃはん》をつけた姿も見られます。

多葉粉屋《たばこ》

夫婦共働きの様子。葉をそろえたり細かく刻んでいるところ。（版本より）

茶屋

（版本より）宝永

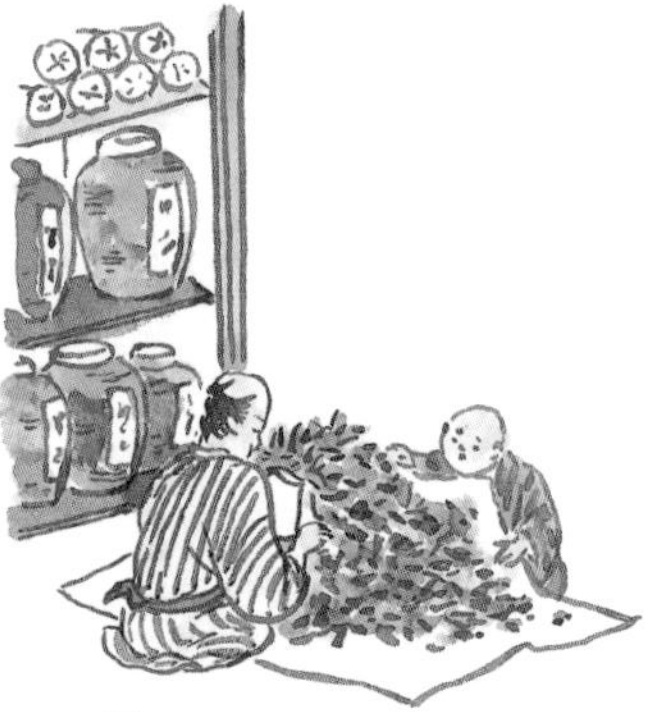

茶屋

店内で茶葉の袋詰めらしい。

「江戸職人歌合」より

真中　白粉屋　右　せんべい屋

白粉《おしろい》屋　真ん中の張り出し台上の白くて階段状になっている置物が“白粉屋”の置看板。（版本より）

両替屋（版本より）

㊄商人・物売り

江戸の日々の暮らしの中で重要だったのが「物売り（棒手振《ぼてふ》り）」です。食物はもちろん、生活に必要なあらゆる生活必需品を、路地の裏々にまで売りにやって来ました。天秤棒を担ぐ、重いものから軽いものまで、その多品種ぶりは驚くばかりです。現代の生活ではお店には各自が出向きますが、江戸時代には反対に、自身は家の中にいるだけで、物売りの方が朝から晩まで時間帯別にどんどんやって来ました。朝なら納豆売り。日中には日用雑貨や季節物。そして夕暮れになれば、燗酒売りなど。一人一品種、一単品を売るので、膨大で多彩な物売りですが、大別すると四つに分けられます。

◆季節の物売り

江戸では季節の移り変わりを伝える風物詩のように、季節の物売りがやって来ました。正月は暦《こよみ》売り、福寿草売り、辻宝引（福引）、双六《すごろく》売り、凧《たこ》売りなどがあります。二月は梅の盆栽売り。三月は白酒売り。四月は植木売り、苗売り、実梅（青梅）売り。五月は鯉のぼり売り。六月からの夏場は、冷水売り、風鈴売り、団扇《うちわ》売り、金魚売り。秋は放し鳥売り、すすき売り。年末は煤《すす》払いの竹売り、門松売り……など。

◆食べ物売り

魚売り……日本橋の魚河岸などから季節の魚を運ぶ棒手振り。初鰹売り、あさり売り。
野菜売り……瓜、茄子、大根、竹の子、小松菜。
食品売り……田楽売り、お茶売り、おでん燗酒売り。
飴売り……しん粉細工、あんけらこんけら糖売り、飴売り土平《どへい》、とっかんべえ飴。

◆日用品の物売り、修理など

道具……火打《ひうち》かま売り、糊《のり》売り、歯磨き売り、桶《おけ》売り、はしご売り。
布類……高荷木綿《たかにもめん》売り、手拭《てぬぐい》売り、真田紐《さなだひも》売り。
薬……定斎屋《じょうさいや》、紙屑《かみくず》買い、辻占売り。
小間物……小間物屋、習字手本売り、貸本屋、紅《べに》売り、糸・針売り、提灯箱《ちょうちんばこ》売り。
修理とリサイクル……茶碗売り、焼きつぎ、鏡研ぎ屋、灰買い、錠前直し、雪駄直し。

◆物売りの衣服

彼らは全員が行商であり、商品を持って売り歩くので、外回りの姿です。それゆえ多くは「着物を尻はしょり（着物の裾を外に折り返し帯にはさむ）」して、股引《ももひき》をはき、笠を被るか頬《ほお》かぶり。そして草履《ぞうり》履きというスタイルがほとんどです。天秤棒を担ぐために布が擦り切れるので、多くは別布で肩当をしたり、冬には「綿入れ半天」や「袖なし羽織」を着ます。また足を保護する「脚絆」をつける者も。物売りは職種が多彩ですが、外回りゆえ「着物と股引を基本」に、あとは職種や季節に合わせての変化が加わるようです。

豆腐売り

この豆腐売りは中に腹掛けを着て、着物の尻はしょり、股引《ももひき》をはいている。

油売り

『守貞謾稿』より

油の量り売り

この油売りは中に腹掛け、半天、股引姿。左の油売りは前垂《まえだ》れ姿。

白玉水売り

白玉水売りは真夏の暑い盛りに「冷っこい　冷っこい」と売り歩くので、腹掛けに短い浴衣姿のよう。

北尾正演『四時交加』より

飾り松売り

歌川国貞『大晦日曙草紙』より

筆墨　硯《すずり》売り

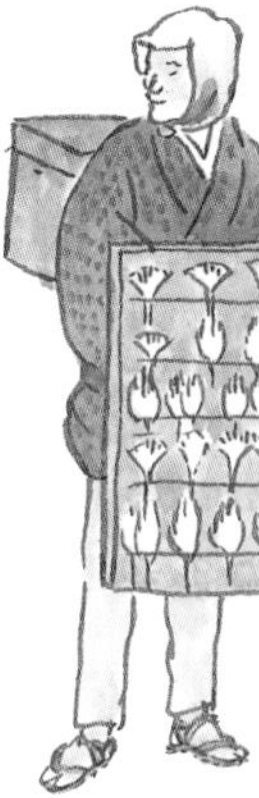

小間物屋

ホニホロ飴売り

唐人笠を被り、紙張りの馬に入って馬の足はぶらつかせながら、唐人笛を吹いて子を集める。

㊅職人

職人が発生してくるのは、室町後期頃とされています。江戸の職人はその技術や経験により、「親方」「一般の平職人」「弟子」に分けられます。また職人はその仕事場により「出職《でしょく》」と「居職《いしょく》」の二つに分けられます。職人の活動する場は都市が中心でした。

【出職と居職】

「出職」は、大工、左官、屋根葺《ふ》き、木挽《こび》き、石切など外へ出て働く職人で、狭い一定地域の注文需要に応じ、特定の顧客である得意場を持っていました。また出職は一日いくらの手間賃取りが多く、一人ではなく建築現場などで職人の総合力で仕事をします。

一方、「居職」は具足屋、縫箔《ぬいはく》師、塗物師、桶《おけ》屋など、室内で仕事をする室内技術者です。技術者であり、作った物を店に並べて売る商人でもありました。注文生産が主体です。

【徒弟《とてい》制度】

職人の修業は十一、二歳頃から親方のもとに住込み、無給で弟子入りし、子守りや掃除などの家事労働から始めます。そのうちに仕事を手伝わせてもらえるようになり、一人前になるまでに十年。一年間のお礼奉公をした二十三歳頃には親方は一人立ちをさせました。朝七つ（午前四時）に起きて、掃除や飯炊《めした》きをし、日中は仕事ですが、当時は教えてくれませんので先輩の技術を目で盗んで覚えます。夕方には水汲みなどの家事労働をし、夕食の後には夜十時頃まで仕事が続くこともありました。

職人の日当は幕府による公定賃金が定まっており、明暦の大火（一六五七年）後の手間賃は、大工、屋根葺き、左官、畳刺《たたみさし》などの上職人は、一人一日飯料込みで銀三匁、木挽《もんめ》き
は銀二匁。天保十三年（一八四二）にはこれに飯料として一匁二分が加算。幕末の安政二年（一八五五）には大火があり大工の手間賃は四匁五分と高騰、飯料も加算です。

◆労働時間と休日

朝八時から仕事を始め、午前十時頃に三十分の休み。昼食に一時間をとり、二時過ぎには三十分の休憩、夕方六時頃に終了。一日では約八時間の労働ですが『守貞謾稿』には実情は休みの間に仕事をするという風であり、一日四時間程度しか働かなかったとあります。

毎月の一日と十五日、そして五節句は休み。正月は十二月二十五日の仕事納めから、一月九日の仕事初めまでは休日。お盆は七月十一日から二十日までが休み。ということで、一月《ひとつき》にすれば雨天や仕事がない日などを考慮に入れると、二十日位の仕事日になります。商人の休日は一年に盆と正月の二日のみなので、比べると職人の休日は多かったといえます。

[居職]

経師《きようじ》

襖・障子に紙を貼っているところ。

畳屋

屋根葺《ふ》きと左官

上の屋根ふきは印半天や半天に股引、
菅笠（スゲで編んだ笠）

「衣食住之内家職幼絵之図」より

㊆職人の種類

弟子……内弟子または徒弟《とてい》で修業中の者をいいます。

職人……親方の持つ仕事場で作業をする職人をさし、住込みが普通。二タイプあり、弟子から一人前になる場合と、他所からの入れ込みの場合があります。

手間取り職人……特定の店持ち親方から受けた仕事をする下請け専門の職人です。自分からは直接の注文を受けずに、親方に従属して仕事や材料を分けてもらいました。

渡り職人……徒弟と一人前の職人との他に、「渡り職人」「他所者《よそもの》職人」と呼ばれ、旅修業に出る者もいます。地方などの寄留先では「手伝職人」として仕事をしますが、旅修業の後に郷里に戻り、一人立ちの職人となれたわけではありません。

店持ち親方……初めに仕事を請け負う時に、自分の店の職人や弟子だけではなく、手間取りや出居衆にまで仕事が回るように注文をとりました。店持ち親方は職人というよりも商人、または問屋的な立場でした。

◆**出職《でしょく》**

大工……建築全般に関わり、建築や修理を職業とします。上職の筆頭で、一番高い手間賃です。

左官《さかん》……壁を塗る職で、土こね、調合、鏝塗《こて》りといずれも技術を要し上職でした。

建具師《たてぐし》……障子《しょうじ》、襖《ふすま》の骨、欄間《らんま》、格子などを作る職人です。自宅で作り、現場へ持参します。

屋根葺《ふ》き……杉、ヒノキ、ヒバなどの薄い板を重ねて木釘で打ち、屋根を葺きます。

木挽《こびき》職……前挽き鋸《のこぎり》を使って製材する者を木挽《こびき》、大鋸挽《おがひき》といいました。

鳶《とび》……火事の時は火消ですが、建築現場の地盤固めや、足場も組みました。

◆居職《いしょく》

錺《かざり》職人……簪《かんざし》や鍵《かぎ》作りなど金属で細かい飾り物を細工する職人です。

指物師《さしものし》……木工細工の最も優れた職人で、家具、調度品ほか木製の製品を作ります。

経師屋《きょうじや》……書画の表装、襖《ふすま》、屛風《びょうぶ》、壁紙の張替えをします。

紺屋《こうや》……藍染の職人。紅花《べにばな》や蘇枋《すおう》、刈安《かりやす》、クチナシなどの自然の草木の染織も行いました。

桶屋……桶や樽を作ります。曲線を持つので特殊な鉋《かんな》を扱える技術が必要でした。

◆職人の住居

皆と外で働く〝出職〟の場合、親方は大工町など各職種の町の表通りに面する広い家(表店《おもてだな》)に住み、弟子を同居させるのが一般的です。他に同町内で親方は表店、弟子達は隣接する裏長屋に個々に住む場合もありました。これだと、弟子達は夜は個人宅で眠れます。また室内仕事の〝居職〟は一人立ちすれば個人別に長屋住まいでした。

縫物屋

布に刺繍を刺しているところ。

筆師

薬の調合

櫛屋《くしや》

櫛引き

仏師
（版本より）

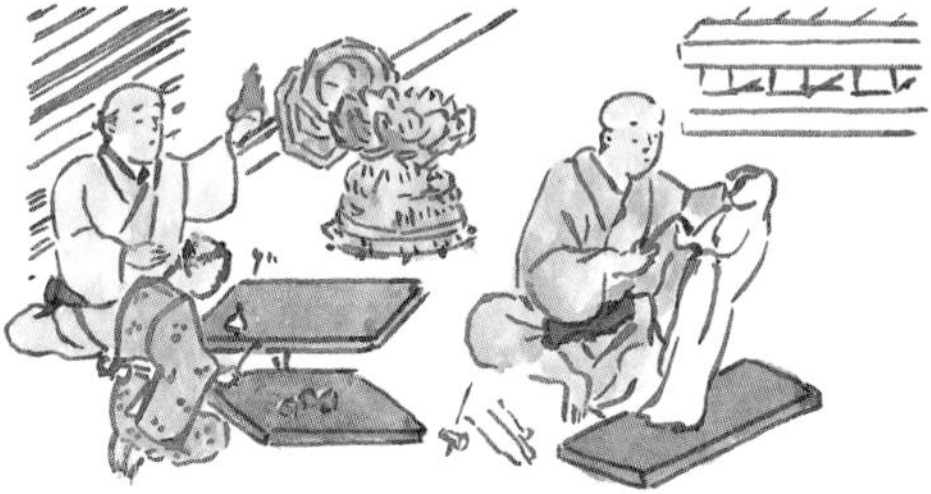

鍛冶屋

弓屋

鈴張

煙管師

下3点は『人倫訓蒙図彙』より

㊇職人の衣服

職人の衣服は出職と居職とで大きく二つに分かれます。大工、左官など外で仕事をする人達の基本型は『守貞謾稿』や絵画資料では、「腹掛《はらがけ》、股引《ももひき》の上に印半天や半天を帯で締め、草履履《ぞうり》き」が一般的です。他には「着物の尻はしょりに股引をはく」や、短い着物に脚絆《きゃはん》をつける。着物に裁付袴《たつつけばかま》（脚部がピッタリしている）、細身の小袴をつける者もいます。そして笠を被ったり手拭《てぬぐい》で頬被《ほおかぶ》りするのがほとんどです。

居職は座業に適するようにほとんどが「着物に帯姿」です。細身のズボン形である股引は、大工や川並《かわなみ》など立ち仕事に向いていて、座ると窮屈です。熱を扱う蠟燭《ろうそく》師、経師《きょうじ》師（軸装）などは、「裁付袴」をはき、立ち仕事が主な紺屋《こうや》は「印半天に帯、股引姿」でした。

【衣服の種類】

◆印半天《しるしばんてん》

紺木綿の半天です。鳶《とび》、大工、左官他、職人の仕事着であり、日常も着用しました。着方は印半天の下には必ず「紺盲縞腹掛《こんめくらじまはらがけ》」と、同色の股引をはきました。冬には半天二、三枚を重ね着し、三尺帯（木綿など）を締めてから、その上に再び一、二枚を羽織ります。

職人や頭《かしら》が年始回りに得意先へ行く時には七枚位重ね着し、店の屋号が上になるように配慮。

◆仕着せの「印半天」

大店は自家の奉公人や出入りの鳶には、盆暮れになると「自家の家紋を染めた印半天・仕着せ」を与えました。紺木綿が一般的で、単《ひとえ》と裏付きの袷《あわせ》があります。印《しるし》の模様白抜き…襟《えり》には主家の文字、背には家の屋号を白く染め抜きました。

◆腹掛・股引

労働着で、江戸の職人など印半天や法被を着る者は、その下に紺色で盲縞《めくらじま》の木綿腹掛を当てます。背でひもが交差するように作られていました。

股引は和風ズボン形の労働着です。職人や鳶《とび》が印半天や腹掛けと共に用い、仕立て方は太くてゆったりしたものと細めがあります。文化期以降には細くぴったりしたものが好まれました。

◆川並《かわなみ》

深川や木場などの筏士《いかだし》である川並が、川の材木の上を飛び渡る都合から仕立てた、最も細い股引を「川並」と呼びます。粋さも加わりあまりに細いため、着脱をする時には踵《かかと》に竹の皮や紙を当てて滑りを良くし、座ることもできないほどでした。座り仕事の居職や商人はこれは用いず、ゆったり仕立てたものを使いました。

[江戸の腹掛]『守貞謾稿』より

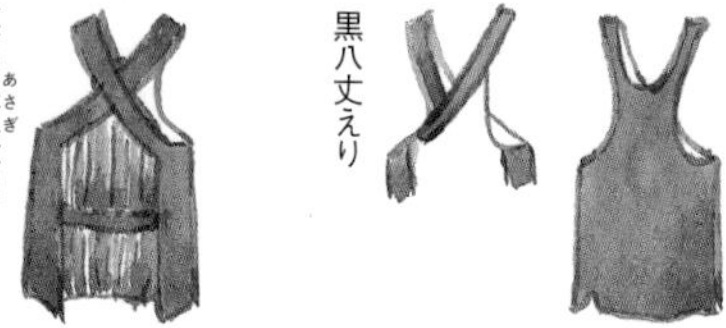

建築普請中の鳶《とび》の人たち。腹掛に股引姿。

上の人達は屋号入り印半天にゆるめの股引。大八車の白衣の人は足に脚絆。
「日本橋絵巻」より

初期労働服

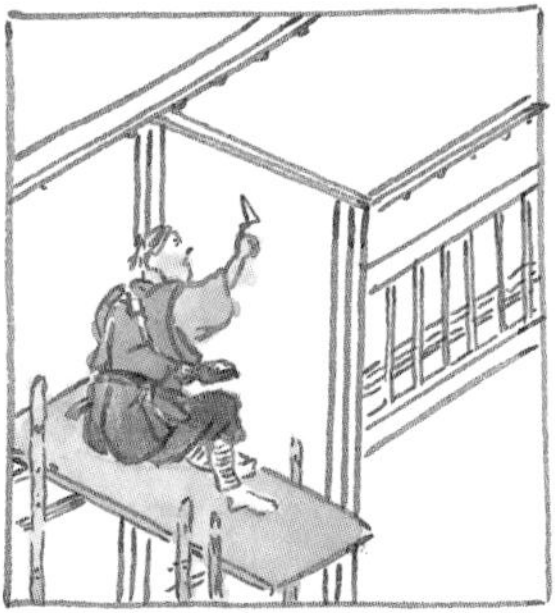

労働服の着物

左右とも『和国諸職絵尽』より

京坂のぱっち（絹）　江戸の股引

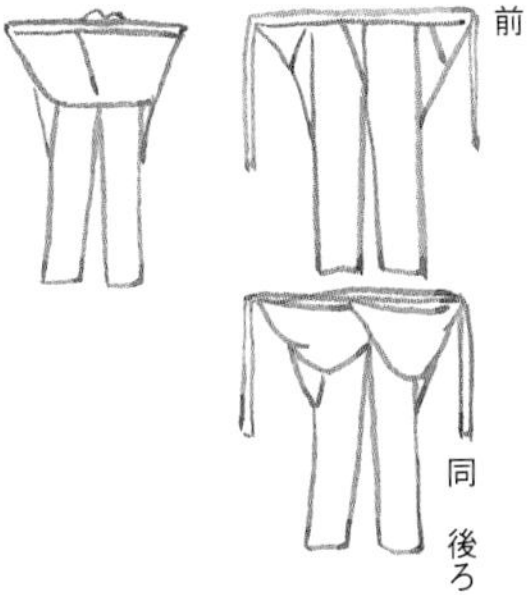

印半天

『守貞謾稿』より

股引《ももひき》

（左）細めの仕立て

（右）太くてゆったりしたもの

股引図ともに『守貞謾稿』より

㊈町人の上着　男女

町人の上着は半天が多く、男女や子供が細部の仕立てや生地を変えて着用したり、冬には防寒用の「綿入《わたい》れ」に作り直して着用します。次は半天などの種類です。

◆半天《はんてん》（半纏《はんてん》）

「半天」の形は羽織に似ていて上衣の半服であり、略服です。天保時代以前からあったようで、男女、子供ともに着用し、冬は「綿入れ」にして防寒用に着用しました。半天には袖下に余裕布である襠《まち》がついていないため、「窮屈羽織《きゆうくつばおり》」ともいいます。半天の襟《えり》は折り返さずに着る棒襟《ぼうえり》です。また半天の特徴は男は脇下である〝身八《みや》つ口《ぐち》〟を開けないし、マチも紐《ひも》もないことです。そして半天には黒襟をかけますが、羽織にはかけません。

表生地は縮緬《ちりめん》、紬《つむぎ》、木綿の半天縞《じま》などの縦縞《たてじま》が多い。裏生地は縹《はなだ》色の粗絹、木綿。模様は半天縞。全般に着物より大柄を用いた。男女とも黒の半襟をかけ、女は艶の黒繻子《しゆす》。

◆蝙蝠《こうもり》半天　丈が短い半天

丈が短い半天で、旅商人などが文政、天保以降、引廻し合羽に代用。また三度飛脚（江戸～大坂間を月に三度往復する飛脚）の宰領《さいりよう》（監督）は、この半天と引廻しを重ね着する者が多かったようです。生地は木綿。旅人は茶、紺の弁慶縞《べんけいじま》をもっぱらとする。

◆亀の子半天　幼児用半天

子供が防寒用に着た、亀の甲羅に似た「袖なし半天」です。幕末に四、五歳以下の幼児に着物の上から着せたもので、袖がなく、綿入れとしました。亀の子の両側に着物の袖を通す縦穴があり、そこに袖を通して背負う形。絹の緋縮緬《ひちりめん》地に、柄は赤ちゃん衣などに用いる〝麻の葉模様〟で黒ビロードの襟がつき可愛らしい。

表生地は緋縮緬の絞り染め。他に赤色の縞。裏地は紅絹が多く、無地の緋縮緬も。

◆ねんねこ半天　子を背負う時の半天

幕末頃江戸の庶民に流行。全面に中綿を厚く入れ、広袖にして長さは羽織とほぼ同じ（腰丈）です。冬、子供を背負って上からこれをかけたことから、この名があります。

◆丹前《たんぜん》（どてら）　防寒に着る家庭用のくつろぎ着

江戸ではどてら、上方では丹前といいます。庶民が着る家庭でくつろぐ時の室内着で、広袖であり、冬は着物の上に重ね着し、あるいは羽織りました。全体に綿を入れ、着物より大形に仕立て、男女ともに着用します。職人や鳶《とび》の者は家ばかりではなく、外出着としても用い、彼らは常の帯ではなく、三尺帯（長い木綿で帯代わり）で締めました。

生地は縞の木綿や、縞の紬《つむぎ》。染模様はまれ。裏地は縹《はなだ》色（うす藍）の粗絹か木綿。掛け襟は男用は黒八丈（少し艶の絹）の半襟、女は黒ビロードや光沢のある黒繻子（絹）。特徴は広袖のため、袂《たもと》の振り（袖下から垂れ下がった部分）がないこと。

印《しるし》半天《ばんてん》

木綿半天とか印半天という

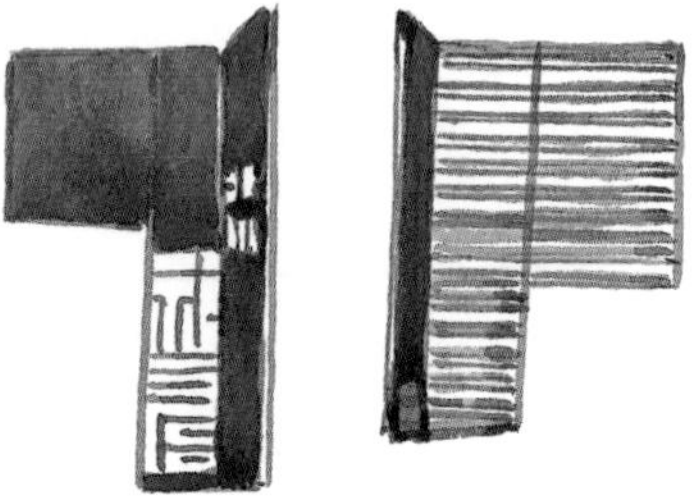

綿入《わたいれ》半天

半天は上衣の半服であり男女、子どもに着用。冬は綿入れにして防寒用にした。

『守貞謾稿』より

亀の甲（亀の子）半天

幼児に着物の上から着せたもので、冬の綿入れ。

蝙蝠《こうもり》半天

着丈が短い半天

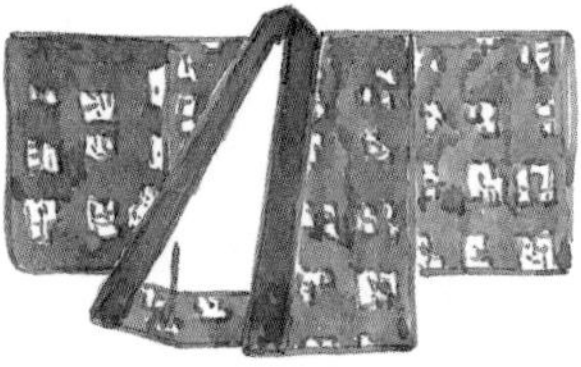

縕袍

歌川豊国・歌川国久「江戸名所百人美女」より

東洲斎写楽「市川鰕蔵のらんみゃくの吉」より

縕袍《どてら》

綿入半天で広袖

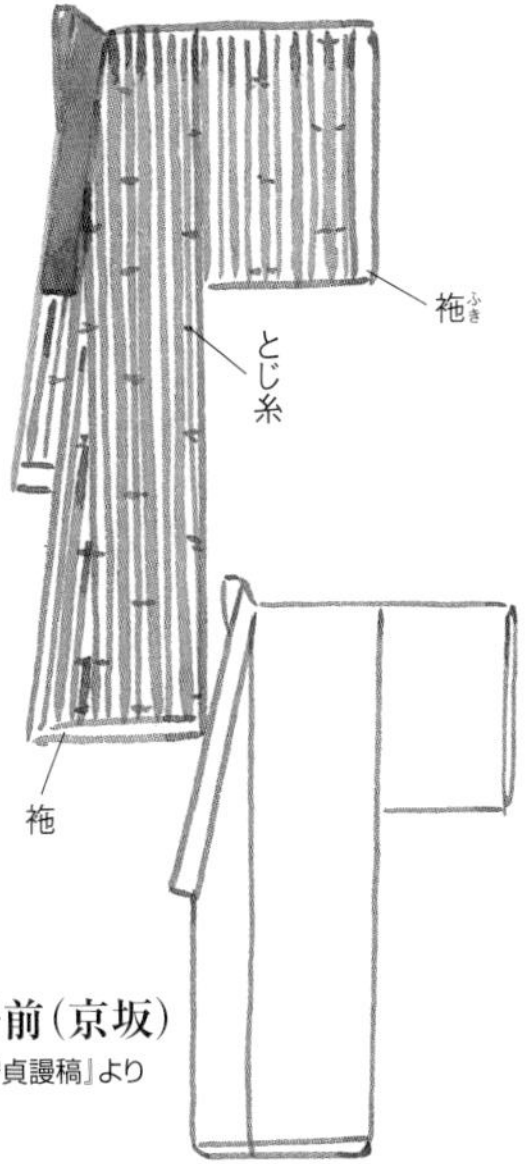

丹前（京坂）

『守貞謾稿』より

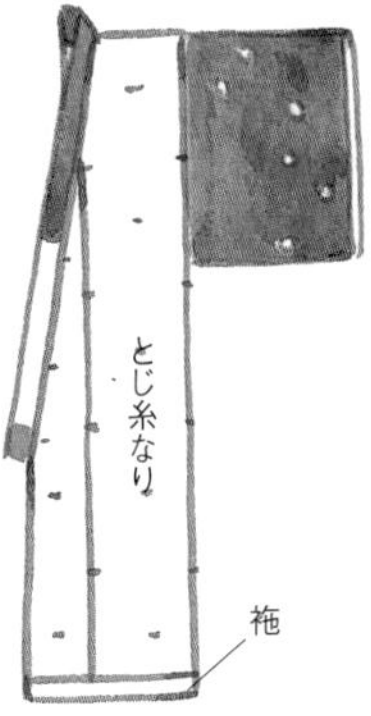

⑩日用《ひよう》・日雇《ひやと》い

江戸という都市は参勤交代や地方からの流入者などで、男の数が後期で六割を占めました。当時は現代と違い全国の八割が農民ですが、農民にも階層差があり、土地持ちの中農層以上と、土地代を借金している貧農層や、払えなくなり夜逃げをする没落農民がいます。この貧農層は江戸中期以降、災害などの環境の悪化により、関東などの周辺地域から江戸へ流入しました。

また中・後期の武家の困窮化に伴い、もともとは幕府や藩に抱えられていた足軽未満の下級武士達を抱えきれなくなります。屋敷の門番や主人の登城日にお供をする槍《やり》や挟箱《はさみばこ》持ちや、馬の口取《くちとり》、陸尺《ろくしやく》という武家の駕籠《かご》かきなどの役職は、武家の口入屋を通して雇う、「武家ではない奉公人（バイト）」となっていきます。ですから農村や地方からやって来る出稼《でかせ》ぎ者・あるいは都市の下層民を含めた江戸の下層の「町人」と「武家の最下層」の人達は、日用・日雇いと呼ばれる肉体労働者になりました。

◆職種

日用取りは一日だけの契約で雇われ、日給を受け取る労働者です。契約期間一日から十日雇い、二十日雇い、月雇い。他に半年や一年雇いの出替わり奉公人の雇い方もあります。

町方……土木工事の土固めや手伝い人足として鳶《とび》（彼らは火事の時は火消）。米屋で玄米を白米にする米舂《こめつき》、荷物を背負い運搬する背負い・軽子《かるこ》。荷車を引く車力《しやりき》・駕籠舁《かごかき》などがありました。

武家方……徒歩《かち》、足軽、槍持ち、六尺《ろくしやく》（陸尺）、草履《ぞうり》取り、挟箱《はさみばこ》持ち、中間《ちゆうげん》の他に、武家屋敷の雑用などの人足の仕事。彼ら町人が武家方に雇われると、その期間中は武家に準じた扱いとなり、窃盗などの犯罪を犯すと、武家として厳しく処分。契約が終了すると元の町人に戻りました。

◆日用の衣服と住まい

町人と武家奉公人では、衣服はまったく異なります。町人の労働着は、背負いならひざ丈の短い着物に脚絆《きやはん》。荷車を押す車力なら腹掛けに手甲、脚絆、そして腰丈の短い着物を上着代わりに羽織り、草鞋《わらじ》履き。駕籠舁は着物を尻はしょりに着て三尺の木綿帯を締めて草鞋履き。武家の中間・小者《こもの》となると、主人の登城日や外出の供には家中の揃いの紺などの着物を尻はしょりに着て、草鞋履きです。それぞれ挟箱や槍を持ち主人に付き従います。

江戸ではこの日用稼ぎが大変多く、幕末の慶応元年、麴町（元四谷一丁目）の資料では、裏長屋の戸主百四十三人中、最も多い職業は古着商・日用とも十五人ずつとなっています。彼らの住まいは、中心街の裏長屋か、場末の町となります。裏長屋の間取りは九尺《くしやく》二《に》間《けん》・流しを含む全体で六畳、畳部分は四畳半ひと間。ともかく日用の人々は多かったのです。

背負い・軽子

荷車を引く車力

武家奉公人　中間・小者たち

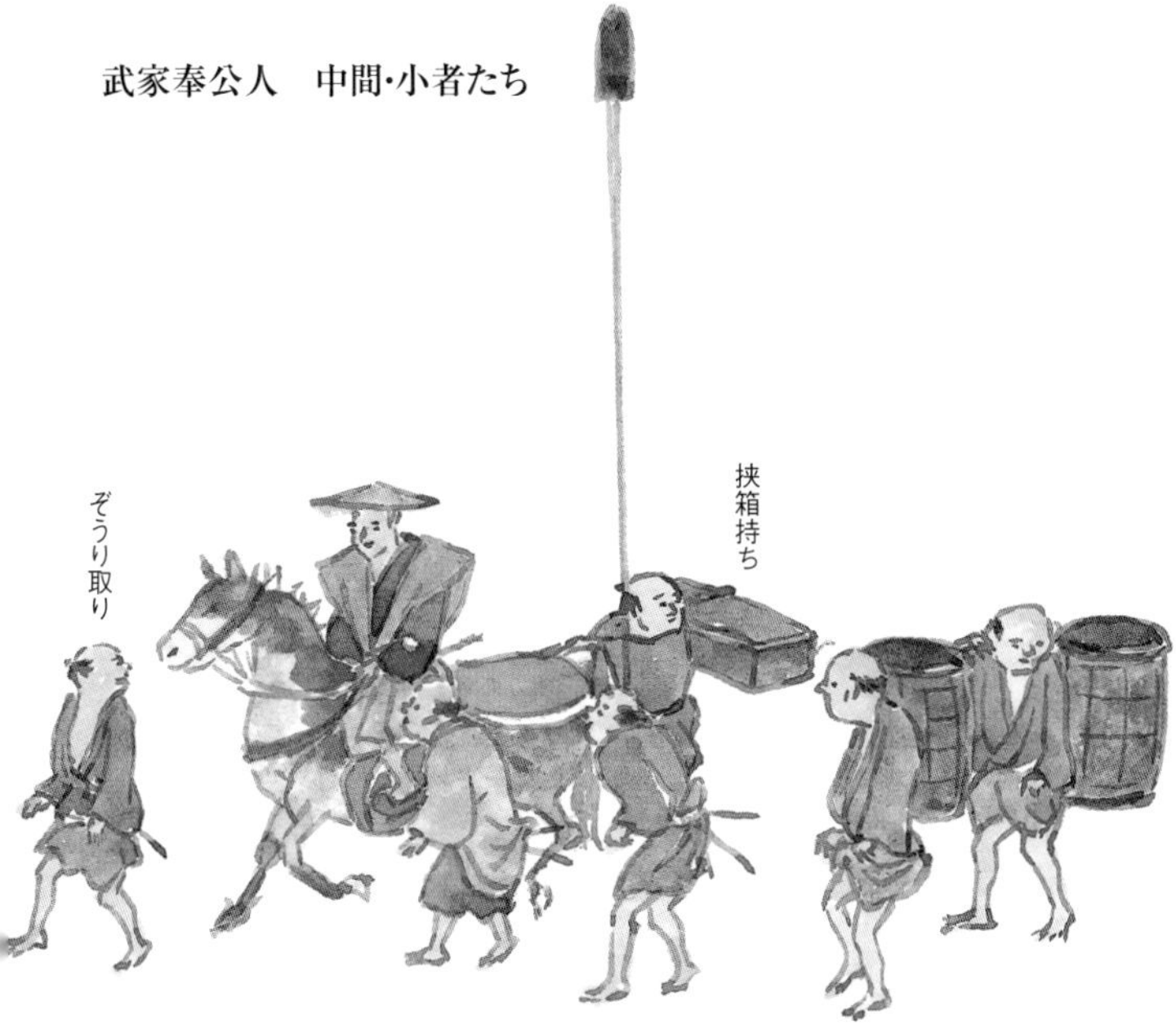

駕籠舁《かごかき》

すべて「日本橋絵巻」より

㈩自由人

江戸の町人というと商人と職人が多くを占めますが、その他にもいろいろな人達が市中を行き来しています。商人や職人はいわば定職のある人。その他となると、幕府の体制の枠を外れている人達、だから「自由人」と呼んでおきましょう。

この層は実に雑多です。僧などの宗教者や巡礼で歩く信仰者、占い師や按摩。そして見世物芸や道端で門付け芸をする多くの芸人。さらに浪人や小切渡世の人達など、挙げてみると意外にも気ままに生きている男たちは多いもの。ここではその仕事と衣服を追いますが、職種がバラバラなため、その個性的な衣服は絵を参照。

◆易者・按摩

手相や人相を占う「易者」は、参詣人の多い寺社の境内や町中・木戸の所に机を出し、客を待つ。装いは深編笠を被り、着物に袴《はかま》など。「按摩」は整体師ですが、「日本橋絵巻」には数多く描かれ、当時は正式な医者を呼ぶと高額になるため、薬や整体での治療が多かったようです。装いは着物の着流しや、着物に袴をつけて裸足に高下駄。そして必ず按摩用の笛を吹きながら道を流しています。

◆宗教者・巡礼

絵巻では年中市中をさまよう宗教者は多いようです。たとえばお寺の仏像建立のために寄付金を集める〝勧進《かんじん》〟の衣は、墨染《すみぞめ》の衣に袈裟をかけ、笠を被り足には脚絆、手には銭を入れる托鉢《たくはつ》で従者連れです。〝巡礼姿〟の母子も多く、手の柄杓を道行く人に差し出して、お布施を願っています。当時は〝抜け参り〟といって、一般の女房や商家の丁稚《でっち》（子供）でも、急に店を飛び出してお伊勢参りに行っても可能……という状況でした。

◆勇み、小切渡世・浪人

勇みのごろつきタイプなら冬はどてらを着て肩に手拭。〝小切渡世〟は小ざっぱりとした身なりで、髪形はたばね（油を使わず水でなでつけ）などでした。〝浪人〟は継ぎはぎの着物や着物に袴などでした。

◆芸人（門付け・見世物）

一人あるいは二人連れで、音曲や何らかの芸で生きるのが〝門付け芸人〟達で、その装いも様々です。正月なら直垂《ひたたれ》姿の三河万歳《みかわまんざい》や太神楽、猿まわし、角兵衛獅子。そして浅草や両国の〝見世物小屋〟にはそれぞれ特技を見せる芸人達が目白押し。覗《のぞ》きからくりや、綱渡り、独楽廻し、化物など怪しさもいっぱいですが、大衆的な娯楽として賑わっていました。衣は多様なため絵を参照。

易者

町角で。

按摩

勧進の僧につき従う老婆たち

見世物

「今様職人尽歌合」より

猿まわし

ごろつき(版本より)

巡礼

記載なしはすべて「日本橋絵巻」より

⑫火消の衣服

江戸時代の消火は現代のように火を消すことではなく、風下《かざしも》の家を壊《こわ》して延焼を防ぐ破壊消防でした。火消しには三種類があり「大名火消し」、幕府の組織の「定火消《じょうびけ》し」。後期の享保三年（一七一八）にできた「町火消し」は、隅田川以西の「いろは四十八組」と、川以東の本所・深川の十六組があり、この町火消が最も活躍しました。

【武家の火事装束】

武家の上士の姿は兜頭巾《かぶとずきん》か陣笠をつけ、羅紗《らしや》（厚地の毛織物）の羽織。その下には胸当《むねあて》をつけ、野袴《のばかま》（緞子《どんす》などの高級品）をはきます。色彩が美しく刺繡も彩な華麗な装束。

兜頭巾《かぶとずきん》……火場での、騎馬の上士装束は、黒漆《うるし》塗りの百恵張《ももえば》りという兜であり、その廻りをおおう布である錣《しころ》には、華美な花や家紋の刺繡が入りました。

火事羽織……表は羅紗地、裏地には小緞子を用います。羅紗の色は黒を上とし、青、黄、白などで赤は使いません。襟《えり》と袖口《そでぐち》部分は白です。武士は前後五カ所に白羅紗で切付紋《きりつけもん》（紋をアップリケ）にします。背下には刀用の裂《さ》き目があり、胸紐《むなひも》がつきます。この羽織の下に、同色同製の〝胸当〟をつけました。羅紗以下の素材で、羽織との異色もあります。

【町火消しの階級と衣服】

町火消の階級は頭取《とうどり》、小頭《こがしら》、纏持《まといもち》、梯子持《はしごもち》、平人足《ひらにんそく》の五階級で、特に纏持は火がかりしている家が焼け落ちるまで、その屋根の上で纏を振らねばならず命がけでした。出火の際の姿は腹掛《はらがけ》、股引《ももひき》に刺子《さしこ》の半天を羽織り、刺子の頭巾と手袋、草鞋《わらじ》がけで、長い鳶口を持ちます。火にかかる前には刺子着に、一町（約百ｍ）程前から水をかぶって行きました。

火消しである鳶は町費で雇われており、火事のない平日は建築現場の足場を組むなど雑用もこなすので、長半天は火事場はもちろん平日も作業に着用しています。刺子の長半天は細身幅で、丈は長く、紺木綿の袷《あわせ》（裏付き）に木綿糸で刺子を施します。着方は長半天だけを着るか、この上に印半天を重ね着し、必ず三尺帯を締めました。裏地には竜などの絵画的な模様や奇抜な柄を入れました。この長半天に猫頭巾《ねこずきん》を被ります。紺木綿製で頭上部分には綿《わた》を入れ、廻りの錣《しころ》は袷《あわせ》。猫頭巾の下には下頭巾を重ねて使用。水をかぶります。

◆革羽織

通常の羽織と同じ大きさの革羽織は一般の町人が用い、それより大形のものは、鳶の頭などが用います。鳶は必ず大形であり、その革羽織はもっぱらふすべ革（いぶした革）で、背には組や主の一字を入れ、裾には図案を白く染め抜きです。また鳶の頭は火場には革を用いず、晴服や会合の時などの外出に用いました。革羽織の価は高価で三両。

[江戸]

兜《かぶと》頭巾

兜頭巾

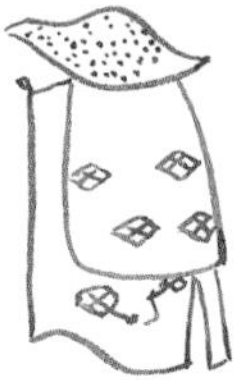

錣付の陣笠

錣《しころ》付の盔《かぶと》

上輩の士はこの形。

武家火事羽織

武士の火事装束姿

『原色日本服飾史』より

火事装束の胸当

武家は各々必ず胸当を用いる

[火事装束]

猫頭巾

下頭巾

法被

江戸長半天図

京坂市店の火事法被

刺子の長半天

火消し出勤時の服装

革羽織

鳶は火場には革を用いず、
晴服としての外出用。

『続、江戸町人の生活』他より

⑬中期の豪商と札差

◆豪商・紀文・奈良茂

元禄期の豪商紀伊国屋文左衛門《きのくにやぶんざえもん》と奈良屋茂左衛門《ならやもざえもん》は、どちらも木材で巨富を得、紀伊国屋の方は元禄年中（一六八八〜一七〇四）上野寛永寺の根本中堂《こんぽんちゆうどう》造営の木材請負い、奈良屋は日光の大地震で壊れた東照宮の修復の木材請負いです。元禄に全盛時代を張り合い、まるで大名諸侯をも凌ぐような豪奢な生活だったようです。

二人は贅沢において常に対抗しようとし、遊郭の吉原は両者の遊びぶり対決の決戦場となりました。紀文の豪奢ぶりは、吉原の郭の〝総仕舞い《そうじまい》〟をし、一人で見世（遊女屋）の遊女をすべて買い切ったという逸話が残っています。

◆札差《ふださし》

札差というのは、幕臣たちが俸禄として受取る禄米を、武士の代理となって受取り、それを米問屋に売却して現金化するのが本来の職業で、当初はその安い手数料で生活していました。ところが札差には別の利殖手段があり、一つは旗本、御家人たちの俸禄米を担保にした高利の金融、二つ目は不正とされた様々な利殖手段を用いました。不当な利得により札差たちの蓄財は夥《おびただ》しく、生活は豪奢を極め、遊郭に使う金額も膨大でした。札差たちは「蔵前風《くらまえ》」と呼ばれる髪形や衣装の流行風俗に影響が見られます。

◆十八大通

一般に「十八大通」といえば、中期末の安永・天明期（一七七二〜八九）に、大口屋治兵衛（暁雨《ぎょうう》）を筆頭とする通人達《つうじん》をさします。遊里を中心に贅沢な浪費と散財を競い合った富裕な町人で、多くは札差でした。「十八大通」は、通の中でも優れた通人かと思いがちですが、『江戸学事典』によればそうではなく、現代では粋の反対の人々と見なされているようです。なぜなら通や粋の本質は「表に通をぶら付かせず」であり、さりげなくが心情です。対して十八大通は激しい浪費や奇矯な振舞いの逸話が残っているからです。

◆蔵前風の風俗

大黒紋を加賀染めにした着物に、鮫《さめ》ざやの脇差《わきざし》（脇差の表面が微細な凹凸の鮫革）を落《おと》し差《ざ》しにし、一つ印籠《いんろう》を下げ、両手を左右に大きく振り、ももを高く上げるのが蔵前風の歩き方とされました。この風俗は歌舞伎の花川戸助六の所作（しぐさ）であり、歌舞伎の衣装、小道具は、当時吉原通いの札差や通人がモデルともなっています。二代目団十郎が助六の衣装を創案の時には、作者斗文《とぶん》や札差達に相談し、髪形、衣装、履物《はきもの》、小道具（江戸紫の鉢巻き、長刀、卵色の短い足袋、足駄）に当時の通人風俗を写したと伝えられています。髪形は〝蔵前本多《くらまえほんだ》〟と呼ばれるもので、本多髷《ほんだまげ》（七分を前で長く、三分を後にした髷）の一種です。この型破りの人達が〝十八大通〟という人々のようです。

「江戸風俗図巻」より

札差

吉原に通う札差。彼らは蔵前風と呼ばれる髪形や着こなしを作り出した。髪形は急傾斜している“文金風”。無地の着物に“引きずり羽織”という長丈の黒の羽織を羽織っているのが通人風。

江戸中期、桜の頃の遊郭の様子を描いた絵。
中期衣装の特徴である華やかな色彩。
宮川長春「風俗図巻」より

五　男の粋

㈠通人、粋

江戸中期末の宝暦から天明頃、江戸町人のあいだに志向された「いき・意気」という美意識による考えや行動を「通」といいます。具体的には人情・世事や色ごとなどの機微に通ずるの意味で、その機微によく通じる人を「通人」といったようです。「通」は遊里においてで示されることが多く、たとえば機微に通じるゆえに、遊女との愛情の語りにさわりがなく、また別世界である遊郭のしきたりや知識、教養のすべてに通暁している男。

当時は洒落本や手引書が出版されていて、遊里の用語、風俗、習慣が詳細に書かれ指南本ともなっていました。また中途半端な知ったかぶりを「半可通《はんかつう》」や「野暮《やぼ》」といいます。

◆男の「意気」、女の「いき」

十八世紀の後半に、江戸の庶民の間に定着した意識で、気質、容姿、身なりなどが洗練されていて、色気があることをいうようです。さっぱりとしていて厭味がなく「意気」という美意識が、江戸の町人たちの根底にありました。意気の根底には〝意気地《いくじ》〟があります。

「いき」というと芸者など女のものと思われがちですが、むしろ男の世界と思われます。上層町人や大店の番頭、棟梁や頭《かしら》など、資力・統率力があり、仕事や事件での情を含む判断力や機転、総合的な男の魅力といったもので、その中に意気さが加わると味わい深いというものです。そうした男の魅力に対して、女が惚れるという型が歌舞伎にはよく登場します。

九鬼周造《くきしゆうぞう》『「いき」の構造』によるいきは「垢抜《あかぬ》けしていて、張りのある色っぽさ」となります。たとえば姿が細っそりして柳腰、微笑、薄化粧、水髪、素足など。とても女らしいしぐさなのに心の芯は通っているような、歌舞伎では芸者が「いき」を代表すると思います。

【いきな色】 いきな色には茶系統、鼠系統、紺系統があります。「四十八茶、百鼠」といわれる、ソフィスティケートされた微妙な色合いが日本の色です。

茶……白茶《しらちゃ》、砥《と》の粉《こ》色、木蘭《もくらん》色、香色、媚《こび》茶、煤竹《すすたけ》色、栗梅色。鼠……白土《はくど》、胡粉《ごふん》、雲母《きら》、柳鼠《やなぎねず》、消炭《けしずみ》色、利休鼠、深川鼠。紺……水浅黄《みずあさぎ》、青磁《せいじ》色、瓶覗《かめのぞき》、鉄御納《てつおなん》、熨斗目花色《のしめはないろ》。

【いきな模様】 縞《しま》と小紋が代表格です。縦筋のすっきりとした縞が意気を表します。

縞……棒縞、万筋、千筋、滝縞、大名縞、子持縞。格子……微塵《みじん》格子、大格子、小格子、翁格子、童子格子。小紋……霰《あられ》小紋、松葉散らし、亀甲、麻の葉、鮫小紋、扇子散らし。

縞に無地の取り合わせの粋な旦那たち。遊郭にて。
鳥文斎栄之「青楼遊興」より

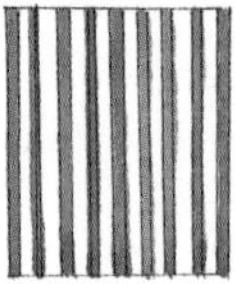

棒縞

太い縦縞のこと

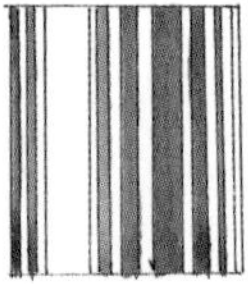

滝縞

太い縞からだんだん細いものへと変化していく縞

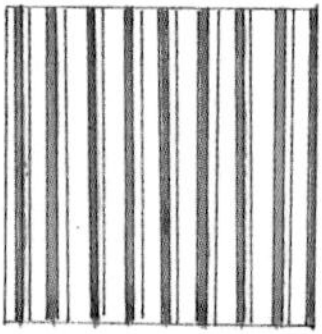

子持縞

太い縞の脇に細い縞を添えたもの

縞と格子と裾《すそ》模様、そして少しの黒襟と、
絶妙なバランス感覚の男。
歌川豊国「子持縞を着た尾上栄三郎」より

黒の羽織に小紋の羽織を肩にかけている男。
帯は“腹切帯”で、この装いは通人に好まれた。
鳥居清長「美南見十二候十月」品川遊郭より

㊁歌舞伎からの流行

歌舞伎の創始は、江戸幕府が開かれる一六〇三年頃のことで、後に女歌舞伎、若衆歌舞伎へと推移します。彼らは庶民からの圧倒的な人気を誇り、当時の服飾にも絶大なる影響を与え続けました。役者たちが考案した衣装の流行の数々は夥《おびただ》しく、まさにファッションリーダーでした。その流行の種類も、髪形、被り物、色、柄、帯の結び方、役者の紋所、履物に至るまで実に多彩です。

彼らが創り出した新しい流行は、浮世絵や呉服屋の新色などが宣伝媒体となり、江戸の女子たちへと広まりました。彼女たちは役者の紋所を自身の扇、団扇、櫛などに入れ、流行の柄は浴衣や手拭などにつけました。

◆役者発信の色

団（團）十郎茶・柿色……初代市川団十郎が舞台衣装に用いた柿色味の茶のこと。「暫《しばらく》」の素襖《すおう》（武家の式服）の色。

路考茶《ろこうちゃ》……中期の二代目瀬川菊之丞（俳名路考）が創り出した流行色。色は鶯《うぐいす》の羽色に、緑と黒味がかった茶色で、明和を代表される色とされる。鈴木春信の絵の着物色に多い。

芝翫茶《しかんちゃ》……三代目中村歌右衛門（俳名芝翫）好みの色。赤味のある茶色で上方で好まれた。

江戸紫……助六の鉢巻きの色で、鮮やかで青みがかった紫。

◆役者考案の模様

三枡《みます》……市川団十郎家の家紋である「三枡」は、枡を大中小と三つ入れ子にしたものを上から見た形。男女、子供の区別なく、着物や半天、帯、袋物など多岐に用いられた。

斧琴菊《よきこときく》……尾上菊五郎の創案。斧の古語「よき」と琴の崩し字と菊の花を配して「好いことを聞く」の縁起から起こした判じ模様。

半四郎鹿の子……文政六年「其往昔恋江戸染《そのむかしこいのえどぞめ》」のお七に扮した五代目岩井半四郎が、浅葱《あさぎ》色（水色）縮緬の鹿の子絞りの振袖を着て出たところ、大変な評判となった。

◆役者考案の帯結び

吉弥《きちや》結び……中期の名女形、上村吉弥が考案。それまでは帯の手先を下げなかったが、吉弥は幅広帯の帯端を、片わな（片方が輪）の二つ結びにして垂らした。

水木結び……女形水木辰之助が考案。帯を丈長にし、吉弥結びの帯端を長く垂らした。

平十郎結び……女形村山平十郎により流行。帯を垂直に立てた竪《たて》結び。

◆帽子・頭巾

瀬川帽子……享保十九年、初代の瀬川菊之丞が創案。屋敷女中の装いに用い、その形は布を前髪で止め、帽子のたれを両頬に垂らす被り方。色は紫、浅葱などの染布。

宗十郎頭巾……中期頃から流行した男子用。上部は長い角頭巾、周りにおおい布がつく。

鎌《かま》輪《わ》ぬ

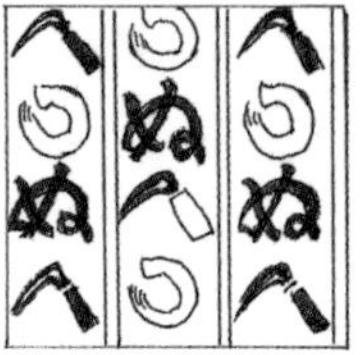

七代目団十郎の舞台衣装から流行し、渡り中間の半天などに使われた。

元禄以前に流行した「かまわぬ文様」は、法被や着物につけられた。

『近世奇跡考』より

斧琴菊《よきこときく》

「好いことを聞く」の縁起に、菊五郎の菊を加えて創作。

『女用訓蒙図彙』より

歌川国芳「仮名手本忠臣蔵」より

鋸歯《きよし》

草花柄はインド更紗の文様

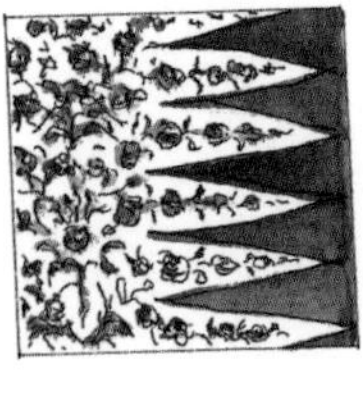

上の羽織と左の三角の連続柄を鋸歯という。

高麗屋格子

東洲斎写楽「敵討乗合噺」より

鱗《うろこ》

三角形の連続柄。

小六染

斜めの太縞で本来は手綱染という

石畳

市松模様ともいい、黒と白を交互に並べた模様。

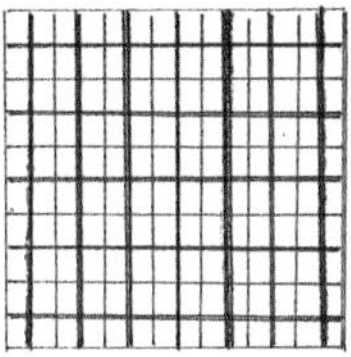

高麗屋格子

寛政期、四代目松本幸四郎の芝居、合羽の柄から大流行。

㊂男の粋な装い

◆商家の富裕層の男

江戸後期に入ると江戸の独自性が現れ始め、それが〝粋（意気）〟となって男女ともに江戸人全体に流れる共通の美意識になってきます。貴賤を問わず江戸の人達の基本的な志向というのがすごい所です。たとえば大きな商家の旦那方は、茶系やグレーでしっとりとまとめた装い。その別注の無地の色・白橡《しろつるばみ》とか洒落柿《しゃれがき》・銀鼠《ぎんねず》など、何の色に染めて着物と羽織をどう配色するかがポイントになってきます。一三八頁の絵参照。

たとえば雪景色に立つ黒スカーフの男は小紋の着物に縞の長羽織姿でシックな茶系でまとめています。長羽織なので羽織ひもも長く、煙草入れがチラリと見えます。黒絹のスカーフと帯で全体を締めていて（黒は重たいので極わずかに使っている）、髪形は上から急傾斜する文金風。すべて絹であり、動くとぞろりとして全身では病的です。

富商の息子は前髪があるので元服前の十四歳頃のませた青年。後期の引きずり羽織を着て、黒い着物にグレーの小紋柄の羽織の組み合わせ。この地味な配色に赤の通称〝腹切り帯〟と呼ばれる帯を付けて、廓へ通う典型的な通人スタイルです。髪は後期の〝若衆髷《まげ》〟。テーマとしたらエキセントリック。

◆いなせな連中

粋とまではいかないが、いなせとか勇《いさ》みと呼ばれる人達もいます。半天着《はんてんぎ》と言われる鳶《とび》や魚市場の男達から俠客の層です。危ない層ですが、江戸の都会では猛火をいとわず火に飛び込む鳶の人気は高く、国貞、国芳の絵師たちもその伝法な姿を数多く描いています。ある男は大きな弁慶縞の片肌脱ぎから藍色の刺青を見せ、素足に下駄で、髪は細長いイナセ風。

あるいは白地に紫柄の大胆な浴衣がけの男は、長刀を一本差しなので、俠客らしい。両国橋の川のたもとでの夏姿。この首の周りを取り囲むような模様づけは〝首抜き浴衣〟と言われ、普通の人は着ません。

大きな将棋の駒柄の男も俠客のようです。この人は中に間着《あいぎ》として小紋を着ていて無地の裏付き。袖口と裾に折り返して縁取り（袘《ふき》）の仕立て。ですから浴衣柄のように大きな柄ですが、初秋、袷《あわせ》の装いで博多帯をきりっと締めた姿です。

総じて粋な装いとは、たとえば全身縞柄《しまがら》というのではなく、縞×小紋×無地を上手に組み合わせる事。それぞれの柄の分量感や配色にも気遣いが感じられます。また各々の縞や小紋の持つ雰囲気があり、二、三本線の子持縞などはスッキリして素敵ですが、太くて大きい弁慶《べんけい》格子の男だと、ヤクザ者に見えてしまいます。着物は全身をおおうものなので、そこは当時の人々は自分の立場や似合う柄を考慮に入れて選んでいたと思います。

若衆　廓通いの流行スタイル

鳥居清長画より

商家の旦那風

鳥居清長「四代目松本幸四郎」より

首抜き浴衣

国芳画より

国芳画より

国芳画より

㈣男の装身具

江戸の男女に日常使われる装身具は、大きく三つに分けられます。「袋物・印籠《いんろう》・髪飾り（女）」です。特に男の装身具は実用品でありながら、美的で精巧な工芸技術と、「粋」や「洒落」の利いた遊び心を持った高いデザイン性を合わせ持ち、洗練と洒脱さに特質があります。

◆袋物

身の回りの小道具を入れて持ち歩く携帯用で、懐《ふところ》に入れる物と、腰に下げる二種類があります。当時の中上層の男達は手で荷物や袋物を持たず、懐に入れます。商人も職人も、まず手ぶら。

懐中用《かいちゅう》……着物の懐に入れる物。財布（紙幣はないので金銭貨）、紙入れ（鼻紙入れ）など。着物の内側、帯の上でかさばらない形です。

腰からの提《さ》げ物……男用であり帯の外に出して用います。煙草《たばこ》入れ、銭や薬を入れる巾着《きんちやく》、小銭を入れる早道《はやみち》などがあります。

《袋物の品々》

煙草入れ……喫煙の普及につれ、刻《きざ》み煙草、煙管《きせる》、火打石を入れる携帯品ができました。

もっぱら町人の持ち物で、武士は持ち歩きません。

袂落し《たもとおと》……男女用で紐《ひも》や（鎖）を首にかけ、左右の小袋を袂の中に入れて使用。片方は手拭、他方には懐紙や煙草道具を収納。忘れ物を恥とする武士に多く利用されました。

紙入れ……懐紙や鼻紙入れで、長方形で二つ折り。紙挟みも同様。

巾着……口の部分のひもを締めて使用する袋物です。用途は自由で火打石や、火薬、守り札などを入れ、中身により形や大きさが異なります。

◆印籠《いんろう》（武士の持物）

印籠は三段から五段重ねの小さな容器をひもで連結し、上部の根付《ねつけ》を留め具として帯に挟んで携行します。薬入れですが精巧な蒔絵《まきえ》や螺鈿《らでん》の装飾品として武士に使用されました。

◆眼鏡

眼鏡は江戸時代になると需要が増えて舶来品の他に国産品もあります。眼鏡には三種類あり、レンズにひもを付けて耳にかけるタイプ・鼻眼鏡・手持ち式。物売りの〝眼鏡売り〟の箱には「御誂《おあつらえ》」の文字があり、視力に合った眼鏡を特注するようです。

◆足袋《たび》

江戸初期には染革製で筒が長く、ひもでしばる形でした。中期以降には木綿足袋が登場し、短い足袋が一般化。またボタン掛けや小鉤留《こはぜどめ》も考案されます。後期には老若男女ともに木綿製の足袋が定着します。男は礼装には白、外出には紺。女はほとんどが白でした。

[袋物の品々]

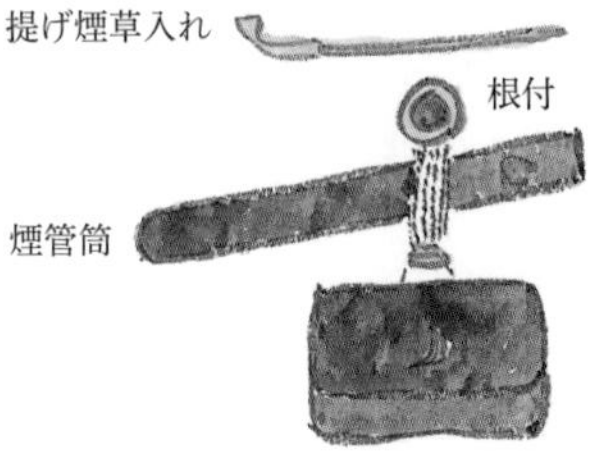

煙草入れ

[根付]

百花百草根付

虎根付

脇差し煙草入れ

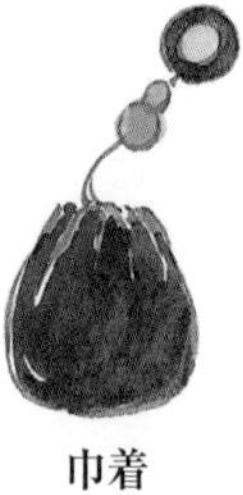

巾着

印籠《いんろう》

主に『男も女も装身具』より

[紙入れ]

紙入れ

袂落し《たもとおとし》

守り袋

[足袋]

皮足袋

『女用訓蒙図彙』より

紺足袋

『守貞謾稿』より

小鉤《こはぜ》足袋

『守貞謾稿』より

眼鏡売り

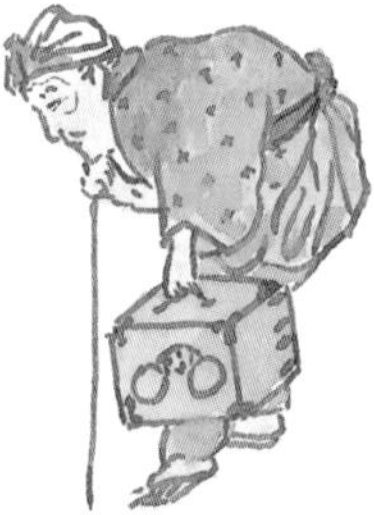

六　男の髪形

㈠江戸初期　髪油なし、ぼさぼさ頭

＊髪を結う四つの名称……前髪　・髷《まげ》（髪を束ねた上の棒状の部分）　・鬢《びん》（顔の両脇、横髪の部分）　・髱《たぼ》（後ろの髪。後ろに突出したり引き上げる）

初期の男髷《まげ》の特徴としては、頭頂の月代《さかやき》を広くとり、横のビンは狭く、戦国時代風の〝茶筅髷《ちゃせんまげ》〟に結ぶか、無造作に髻《もとどり》（毛を集める所）を束ねただけの簡単な結び方でした。月代を広く取っていた理由は戦国の余風が残り、強い男への憧憬が髪形へも現れました。月代を広くとは半頭を毛抜きで髪を抜くか剃《そ》り、痛さを我慢できる男ということ。そしてヒゲやもみ上げを蓄えるという、初期だけの特徴があります。ヒゲなきものは墨で描きました。近世屏風である「洛中洛外図屏風（舟木本）」他には、この茶筅マゲでもみ上げ長く、ヒゲまで蓄えた男達がごろごろ出て来ます。けれどもこの傾向も元禄に入るまでで、元禄以降の者は皆ヒゲがなく、町人達は男女ともに衣装の好みも華奢に流れてゆきます。初期の特徴にもう一つ、「若衆マゲ」があります。男色の世界で流行し、中・後期までずっとこのマゲは続きます。初期の若衆マゲは後ろ髪であるタボを後に長く引き、まるで女と見まごうばかりの艶やかで優美な形です。前髪立ちの武家の美少年のマゲ。

江戸初期には武張った髪形が主流を占め、そのかたわらに若衆マゲという女っぽい髪形があります。また初期の男達は、頭頂の髪、前髪ともに自然のままで、後期のように油でなでつけません。毛先も房状、もみ上げ長くヒゲもあるので、野性味たっぷりです。

茶筅髷《ちゃせんまげ》……戦国期の武士に多く見られ茶道の茶筅に似ているための名称。髪を頭上で束ね、根元から元結《もとゆい》で巻き上げ髪先を房状に出す。貴族、武家、庶民に広く結われました。

大月代茶筅髷《おおさかやきちゃせんまげ》……初期の頭頂の月代を広く剃る特徴、を代表する髪形。

大月代二つ折り……大きくて広い月代に、頭上の棒状の小さいマゲを二つ折りに結ぶ。

奴《やっこ》**頭**（糸ビン）……寛永以降には特に中間《ちゅうげん》や小者《こもの》に結われた髪形で、月代を広く取り耳の上の糸のように細いビンが流行しました。奴《やっこ》達の頭にはこの糸ビンが多く見られます。

撥鬢《ばちびん》……耳上のビンの形が三味線のバチの形に似ていることからこの名があります。

総髪二つ折り……月代を伸ばし、後頭部の髪は無造作に束ねて二つ折りにし、毛先は房状。

男髷《おとこまげ》……男髷は江戸期を通して男の髪形です。後ろのタボを突き出すのは寛永の頃から始まり、二つ折りの毛先が自然な房状になっているのが初期の特徴です。

中剃《なかぞ》**り前髪**……若衆マゲの系統で、後ろを張り出し前髪は頭上の上に散らし、髪先は房状。

若衆髷……男色の少年達の髪形。特に後ろのタボが優美に流れ、遊女が真似て結った。

[初期男の髪形]

初期の男マゲは戦国時代の気風が残り、自然のままで毛先は房状で、もみ上げ、ひげもあり野性味たっぷり。

大月代茶筅髷《おおさかやき》

初期は頭頂の月代を広く剃るのが特徴。

「遊楽図屏風」より

茶筅髷

茶道に用いる茶筅に似ているところから名づけられた。毛先を房状に出した。

「洛中洛外図屏風」（舟木本）より

男髷

男マゲは江戸期を通して男子の髪形。後ろのタボを突き出すのは寛永の頃から始まる。

「男達のこだわり」より

総髪二つ折

頭上の月代を伸ばし、後頭部で髪を二つ折りにし、毛先は房状。

「遊楽図屏風」（相応寺屏風）より

撥鬢《ばちびん》

耳の上のビンの形が三味線のバチに似ているため。

「遊楽図屏風」より

奴頭《やっこあたま》(糸鬢《いとびん》)

中間、奴、侠客などに好まれ、月代を広く取り、耳の上に糸のように細いビンが流行。

『風俗図鑑』より

大月代二つ折

大きな月代（頭頂）で小さいマゲを二つ折りにしたもの。

『男達のこだわり』より

若衆髷

武家の若者や若衆歌舞伎の若衆が結った。初期の特徴は前髪が出て、後ろのタボが張り出している。

『男達のこだわり』より

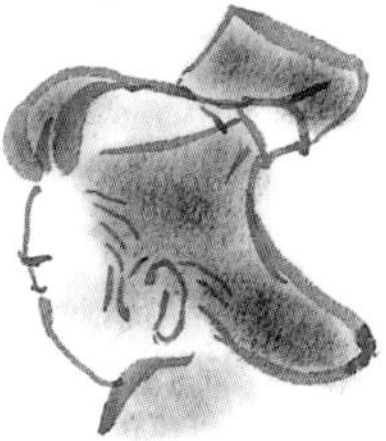

中剃り前髪

初期の若者達の間で流行した。後ろ髪は張り出し、前髪は頭頂の上に散らす。

「遊楽図屏風」(相応寺屏風)より

(二)江戸中期　お洒落にかける技巧と男心

中期になると男子の髪形は初期のぼさぼさ頭とは様相が違ってきます。中期になると髪油を使い加工した髪形に変化。社会背景と衣装の変化を見ると町人の経済力が増し、バブル期が訪れます。豪商や札差など金満家を輩出もしますが、幕府の命令によっては一夜にすべてを失う泡のようでもあります。富裕な男女の衣装は上方の華やかさから粋の世界へ移行。男のスタイルもぞろりとした長羽織が通人に流行するなど一種頽廃味をおびてきます。また画期的な伽羅《きやら》の油などの〝髪油〟が開発され、髪形にはしっとりとした気品が加わりました。

そして大変技巧的になりました。たとえば髪の中を剃り広げて毛量を減らし、マゲの毛先を鼠のしっぽのように細くします。また、掻鬢《かきびん》は耳の上より前髪のきわまで掻き上げて束ねる、つまり毛筋の方向を工夫しています。髪の毛を、どう流すのか？　元結《もとゆい》を長くまいて長くしたり、髪を結う位置（根）を高くして、落ちる刷毛先を急傾斜にするなどです。

男性の髪形など皆同じように思われがちですが、頭頂である月代《さかやき》の広狭い、耳上の横毛であるビンの高低、あるいは毛の流れ方の工夫。後ろ毛であるタボを後に突き出すか引き上げるか。元結の長さ、マゲの長さは長短どのくらいにするか？　元結の位置は？　七分三分か、一分×一分の小さいちょんまげにするか。その毛先は切り揃えるのか、つぼめるのか、房状にフサフサさせるのか？　自分の髪の分量まで調節する手もあります。髪を削いで増減するなど多彩です。男性は衣服で個性を出しづらい分、髪形には細部にまで凝ったようです。

享保期（一七一六〜三六）の人形遣い辰松八郎兵衛《たつまつはちろべえ》は〝辰松風〟を考案しました。同時期浄瑠璃《じょうるり》大夫、宮古路豊後掾《みやこじぶんごのじょう》がさらに変化を加えて〝文金風《ぶんきんふう》〟を編み出しました。どちらも柔弱というか病的です。芝居者から流行が出ていて、武士、町人ともに大流行しました。

撥鬢《ばちびん》（天和〜宝永）……耳の上が撥の形からの名前で、商人などに多いようです。

せみ折り（天和〜元禄）……マゲの先を上にそらし、刷毛先は広げていることから、〝銀杏頭〟ともいわれた。俠客、相撲取り、遊び人などに多く結われました。

三つ折り返し……魚売り、日雇取りなどが結い、元結、マゲなどが一寸ずつで極小さいマゲ。

辰松風《たつまつふう》……人形遣い辰松により創案され、月代を広くマゲを小さく刷毛先をとがらせる形。

文金《ぶんきん》風……浄瑠璃語りが創始。根元はさらに高く浮いて急傾斜しています。刷毛先に竹串を入れて油で固めた髪形です。中後期の通人や遊里に通う粋がる人達に流行。

疫病本多《やくびょうほんだ》（明和〜）……本多マゲの一種で、これは毛量をわざと減らして細いマゲにし、病後で髪が抜けたように見せたものです。

[中期・男の髪形]

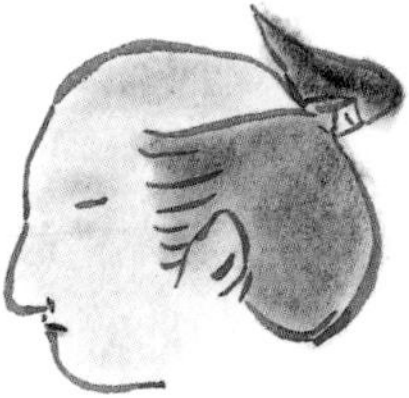

せみ折り（天和〜元禄）

マゲの先を上にそらし刷毛先は広げていることから“銀杏頭“とも。侠客、相撲取り、遊び人などが結った。

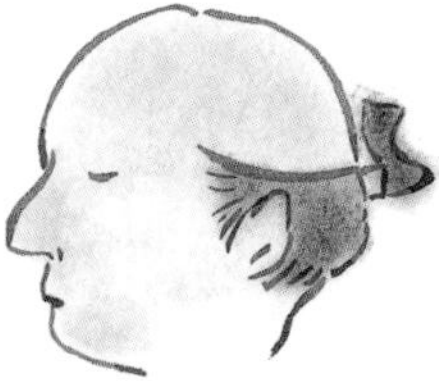

撥鬢《ばちびん》（天和〜宝永）

バチの形からの名で、商人達に多い。

三つ折り返し（〜正徳まで）

魚売り、物売りなどが結う。元結、マゲ、刷毛先ともに一寸（約3cm）ずつで、三つ折り。3カ所が小さい。

文金風（元文～後期まで）

浄瑠璃語りが創始。マゲはさらに高く急傾斜している。刷毛先に竹串を入れて油で固めた。

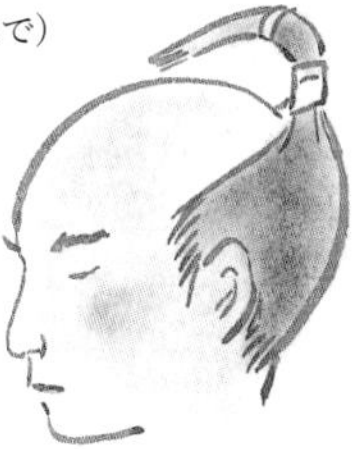

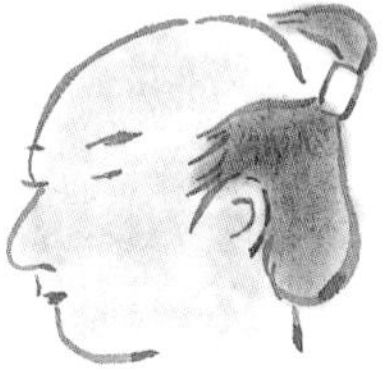

辰松風（享保～）

人形遣いが創案。月代を広くマゲを小さく刷毛先を尖らせる形。

疾病《やくびょう》本多（明和～）

数多い本多マゲの一つでこれは髪量をわざと減らして細いマゲにし、病後で髪が抜けたようにみせたもの。

『男達のこだわり』より

若衆髷（江戸中期）

元服前の少年期の髪形。後ろ毛は引き上げるようになる。

男らしかった初期の髪形に対し、中期には髪油・技巧派・しだいに病的が三本柱。――凝る男たち

この二人の武士の髪形は“文金風”。

鳥居清長「東育御江戸之花」より

㊂江戸後期　粋を表す銀杏髷

江戸後期の文化と衣装は「江戸の粋」といわれる渋みのある、江戸独特の文化を創出した時期です。男髷の流れとしては辰松風、文金風のあとに、武家から創案された「本多《ほんだ》髷《まげ》」に人気が集中します。これは幕閣・本多忠勝の家中から出て、武家にも町人・通人にも好まれ大流行しました。これはマゲを結う時、前七分、後ろ三分にし、バランスが良いのも特徴です。本多髷の種類は大変多く『当世風俗通』には「本多風　結髪八種」の図が載っています。名称は「金魚本多・令兄本多・大坂本多・丹まげ・ぞべ本多・豆本多・だまされ本多・丸髷本多・あにさん本多」他にもあります。

そして後期を代表する男髷に、「銀杏髷《いちょうまげ》」があります。時代劇でもおなじみの形で、流行というより定番なのでしょう。ただし武家でも高禄の武士、一般の武士、町人とでは結い方に美意識や好みの違いが出たようです。一般武士の「銀杏髷」はマゲの長さは短めで、後ろ毛を引き上げ髪も細っそりとしているので、瀟洒で品の良い雰囲気があります。マゲ先は小ぶりの銀杏の葉のように見えます。町方の「銀杏髷」は、後ろのタボを出し、マゲの髪を少なくして、マゲを細く長く取り、粋さを演出しているのでしょう。

銀杏髷は後期を席捲《せつけん》したようで、武家、町人の美意識の違いがより鮮明に表れます。この形は江戸の人々に愛され、大銀杏、小銀杏、銀杏返し、清本銀杏など種々の形を創り出しました。江戸の洗練が髷になった時「銀杏髷」なのでしょう。

本多髷《ほんだまげ》……中期後半から後期にかけて大流行しました。髪を細く華奢に結うのが特徴です。本多髷の古風な形は元結の前後で前七分、後ろ三分の定めとなっていました。十八大通の頭領株である文魚は、いつも本多風の髪を結わせたのでこの髪は〝文魚本多〟と呼ばれ、通人たちが真似たのでこの風は市中に流行し「蔵前本多」と呼ばれました。また数々のバリエーションを生み出しました。

若衆髷《わかしゆうまげ》……後期には、前髪は立たせず後ろに引きつけ。マゲをとても大きく結います。

立髪……武士の浪人に多い。剃った月代が伸びていて、毛が短いので立っています。

たばね……侠客が結う。後ろのタボをふっくらと出し、刷毛先は上へ向けてぱらりと散らすのが粋とされました。

銀杏髷《いちようまげ》**（武士）**……後ろ毛を引き上げ、マゲは細く水平であり、刷毛先は小ぶりの銀杏の葉形。

銀杏髷（町人）……後ろのタボを少し出し、刷毛先が細く長いのが特徴です。全体的に細っそりとして粋。この他にも「銀杏髷のバリエーション」が、身分別、職業によっても様々な変化をつけて考案されました。商家の手代が結い、少しカーブをつけた〝銀杏つぶし〟、魚市場で流行の〝イナセ風〟などです。

[後期男の髪形]

立髪

武士の浪人に多い。剃った月代が伸びている状態であり、毛が短いので立っている。

本多髷（安永〜）

本多忠勝の家中より流行し、マゲを細く華奢に結う。

銀杏髷（武士）

後期を代表する髪形。後ろ毛を引き上げ、マゲは細く水平であり刷毛先は銀杏の葉のように少し開く。上品。

若衆髷

後期の若衆髷は、前髪は立たせずマゲをとても大きく結う。

[江戸後期　銀杏髷のいろいろ]

銀杏髷

マゲが水平に折り曲げられ
マゲ先は銀杏の葉に見える

小銀杏（八丁堀風）

額を広く、マゲは短くタボを
出す。武家と町人の中間風。

郎君風

大名の息子、若殿が結う。
マゲを一層太くし、尻を少
し下げた。

銀杏つぶし

商家の手代。マゲを長くし、
少し曲げた形。

イナセ風

魚市場で流行。マゲを細く
長くとる。

銀杏髷（町人）

後ろのタボを少し出し、刷毛
先が細く長いのが特徴。全
体的に細っそりとして粋。

たばね

水だけで結い、タボをふっく
らとだす。刷毛先は上へ向
けて散らすのが粋とされ、侠
客が結う。

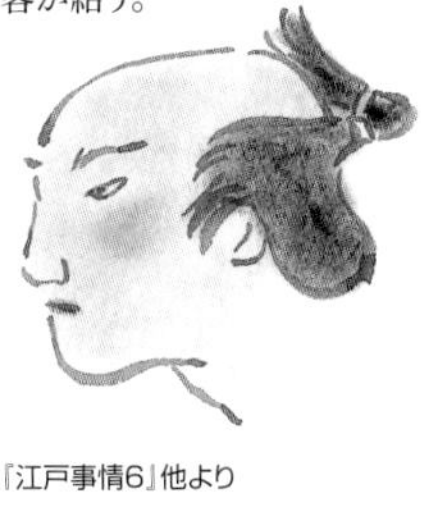

『江戸事情6』他より

㊃男の髪油・元結・髪結い床

昔の髪油は綿《わた》に香油を浸して整髪に用い、また高貴な人は髪に「びなんかづら」といって南五味子《ごみし》の茎を水に浸し、そのねばり汁を使いました。さて江戸初期の男女の髪は油っ気もなく乾いた自然な頭でしたが、中期になると伽羅の油などの髪油が登場し髪形は大変革しました。髪を梳る方法は、まず「水油」か「すき油」をつけて、すき櫛ですき垢《あか》を取り、後に「びんつけ油」で髪を固めます。江戸に初めて売り出したのは芝の大好庵で、「花の露《つゆ》」という髪油でした。

◆**伽羅油《きやらのあぶら》（花の露《つゆ》）…堅い油**

製法……晒蠟《さらしろう》に香りをつけて水油で練ります。蠟と油なので堅い油・ワックスと推定。

価……一両（両は量の単位）入りで価、銭二十二文、極上三十六文、極上々黒匂油四十文。

＊後の、びんつけ油の前身が伽羅油。

◆**水髪**

江戸の書物では、〝水髪の粋な芸者〟のような表記で、一般的には髪油を使わず、水だけで髪を撫でつけて結った髪をさします。水が乾くと刷毛先が乱れるのを粋としたようです。しかし逆の意味もあり『塵塚談』では「堅油を多く付けて結いたり。後は「水髪」と云ふなり」とあり、同じ〝水髪〟でも二つの意味が反対なので注意が必要です。

◆**元結《もとゆい》**

紙を捻《よ》って髪の根元を結ぶので元結といいます。江戸時代までの農家の男たちは藁《わら》でくくり、庶民は自分で紙を捻って各自が髪を結います。士分以上は〝糸紐《いとひも》〟でした。

【元結の種類】

撚《こき》元結……寛文の頃より起こり、紙捻《こよ》りを長くよって水に浸し、さらに専用の車でよりをかけて水をしごくので、しごき元結といいます。

平元結……若衆や女子が丈長く用いるもので、紙を一寸（約3㎝）幅に長く切り、これで髪を束ねました。後の丈長《たけなが》（髪飾り）です。

はね元結……平元結に針金を入れて上に反らすためこう呼びます。

丈長……前身の平元結ではそのまま髪を束ねましたが、天保頃の丈長は、紙捻で髪を束ねた上に飾るだけになりました。

文七元結……白く艶のある紙の名前。この紙で製するのを上等な品とされました。

【髪結い床】

江戸初期には一店舗を構えたりせず、橋のたもとなど人の往来の多い所へ床を置き、よしずや幕などで囲い、客の要望で月代を剃ったり髪を結っていました。ほとんどは自分で結っていたようです。中期に髪結い床の株は八百八株以上あり、幕末までさらに増加。

びんだらい（江戸風）
『守貞謾稿』より

『浮世床』より

廻り髪結

七　その他

㈠地方、農漁山村の人々

農村、漁村、山村や地方で生活する人々は、各職種に合うような衣服を考案、着用してきました。また一口に林業といっても、伐採か、都市へ運ぶ運搬の段階か、気候の寒暖によっても衣料には大差があります。農業、林業、水産業、鉱業、製塩、和紙、窯業他、地方はあらゆる産業の生産地でした。各地では農業、機織りなど女、子の家族も共働きです。

◆農業

農業は春から秋までの季節のため衣料は軽装です。男は「ひざ丈の短い着物を主に、ゆるめの股引《ももひき》、脚絆《きゃはん》」。手拭で頰被《かぶ》りや笠が多いようです。女子は「短めの着物にたすき、前垂れ（前掛け）、髪には手拭で姉さん被り」等でした。女の農間余業には「養蚕・織物」があり、家族の衣類は樹木の繊維採りから糸にして織り、仕立てます。衣服は同様。

◆漁業

水を扱うだけに「袖なし短衣やふんどし姿」もありますが、漁にもよります。沿岸漁業の鮪《まぐろ》や鰆網《さわらあみ》漁には「上半身は短衣か裸《はだか》に腰蓑《こしみの》」姿。また海の浅瀬で行う海苔や牡蠣の養殖場での男は「筒袖で腰丈の着物に紐《ひも》の帯」に、下衣は「ゆるいズボン形の股引」。頬被りや笠などです。女は筒袖や袖なしの短めの着物。子を背中に入れる人もいます。

◆林業

山間での木の伐採には「筒袖の上衣に脚部が密着する仕事袴《ばかま》」を。さらに手甲、脚絆で手足を保護します。また上流から材木の〃運搬流送作業〃には、川で水仕事ゆえ「半天のような短衣に、足には脚絆」をつけただけの姿。山の仕事は季節により異なり、雪中での角材造りには、綿入れ半天の下に裁付袴《たつつけばかま》か股引をはき、藁《わら》の脚絆でした。

◆製塩

製塩は全国各地で行われ農漁業などの副業が一般的。海水の入った桶を運び、塩田に海水を散布する重労働ですが、婦女も含め家族での労働です。炎天の作業なので、男の衣は「袖なしで腰の短衣」が一般的。「ふんどし姿や腰蓑《こしみの》姿」も有り、鉢巻きや笠を被ります。

◆鉱業

坑道の掘子は筒袖などの短い着物に紐《ひも》帯で、腰に円座をつけ、布で頭を包み、山槌《づち》で掘ります。鉱石を運ぶ者はかごを背負い、暗いので油を入れた紙燭《しそく》を持ちます。また選鉱という鉱石の不純物を選別するのは女の仕事であり、着物に前帯、髪は布で包み、たすき掛け、前垂れ姿です。ムシロを敷いての作業。

農作業　宮崎安貞『農業全書』より

庄屋の広庭

『本朝二十不孝』より

角材づくり

「秋田杣子造材之画」より

能登の塗浜

「民家検労図」より

筏下組み 『運材図会』より

鯖釣り

『山海名産図会』より

坑道と坑内

『山海名産図会』より

八丈縞織り

『伊豆日記』より

㈡雨具、旅の装い

雨具としては笠、傘、蓑《みの》、合羽《かっぱ》、足駄《あしだ》、下駄があります。江戸時代の前までの庶民雨具は笠と蓑が普通でした。雨傘の普及は江戸中期、元禄以降からとなります。以下に絵画資料に見える江戸後期の雨具をあげてみましょう。

・桐油《とうゆ》を塗った〝紙油製の合羽に菅笠《すげがさ》〟・傘に合羽を着て足駄（歯の高い下駄）
・女は傘、髪形を守る袖頭巾《そでずきん》、合羽や浴衣《ゆかた》（雨コート代わり）、銀杏歯《いちょうば》の足駄《あしだ》
・庶民や農村では〝笠に蓑〟・雪中の男は笠や傘に蓑、重ね着に股引《ももひき》、下駄など。

◆**傘**

雨傘は元禄以降から登場し、実用の雨傘の種類は番傘、蛇《じゃ》の目《め》傘、奴《やっこ》傘、紅葉《もみじ》傘などがあり、その普及した背景には女の髪形の複雑化が挙げられます。

番傘……厚くて白い紙に油を塗った竹製の傘で大衆品であり、屋号などを入れた。

蛇の目傘……上等な傘。白地の真ん中と周囲には青、黒、赤などの色和紙が貼られ、開くと蛇の目になり、柄《え》は藤巻《とうまき》。

◆**合羽**

雨具用や旅行用としては防水加工を施した紙油製や木綿製が普及しました。中期頃の婦

女の雨除けには外側に「浴衣」を着ましたが、幕末頃には庶民の女性でも「雨合羽」を着用したようです。合羽の形は二型で丸合羽……広げると丸い形になるマント型と、袖合羽……袖のついた着物型がありました。

桐油《とうゆ》合羽（マント型の油紙合羽）……桐油を塗った紙製の合羽。庶民や旅用の雨具で、下級武士の参勤交代用にも用いた。雨を通さず軽いのが特徴。

引き廻し合羽（雨具でなく旅用コート）……木綿地のマント型半合羽。紺と白の縦縞や、紺絣木綿。旅用コートとして主に用い（裏付きで防水用もある）。市中には用いなかった。

半合羽……天保頃江戸で綿服を着る下級武士や庶民は、雨中では必ず布製の半合羽を着用し、単《ひとえ》と袷《あわせ》がある。木綿の無地や縞柄で青、茶、鼠色など。ボタン掛け。

長合羽……江戸時代、武家で長合羽を使用できるのは、将軍への拝謁が可能な旗本、と幕府では規定がある。他には医者、僧、富裕町人のみ。婦人は用いず、あってもまれ。生地は呉呂服連、木綿。色は深い青、紺、黒。留め具は渦巻のボタン掛けで無地のみ。

◆旅の装い

　東海道への長旅のような道中着としては、男は笠、腹掛けの上に木綿着物の尻はしょり、股引、手甲、脚絆、振り分け荷物、煙草入れ、道中差し《どうちゅうざし》（脇差）、道中被りの手拭、ワラジ。女は菅笠。着物は短く着付けて脚絆か、裾《すそ》を帯にはさみ込んで脚絆、手甲の姿でした。塵《ちり》除けや雨コート代わりには浴衣を用いました。ワラジ、髪用に手拭です。

[蛇の目傘]

半合羽姿の若衆

鈴木春信より

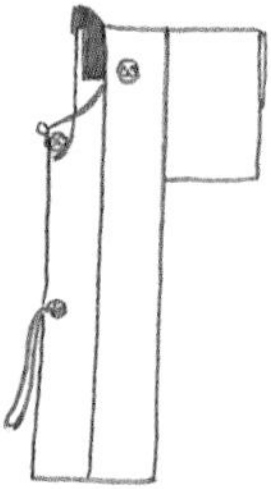

長合羽

『守貞謾稿』より

坊主合羽

『守貞謾稿』より

後期の雨の装い

半合羽

『守貞謾稿』より

笠に蓑

半合羽

銀杏歯の足駄

『絵本藻塩草』より

ちり除けの浴衣

歌川広重より

半合羽 歌川広重より

旅中の引廻し

㈢履物

江戸時代の履物としては、下駄《げた》、草履《ぞうり》、草鞋《わらじ》があります。

◆下駄

下駄は歯のついた木の本体に鼻緒《はなお》をつけた履物です。古くは古代の田下駄に始まりますが、江戸以前までは裸足《はだし》、わら草履、わらじが普通でした。江戸中期頃までは下駄は雨の日の履物であり、下駄が普及したのは江戸中期頃からとなります。

○下駄の二分類

連歯《れんじ》下駄……一枚板から削り出すくり歯。

差歯《さしば》下駄……台に別な歯を差し込む。差歯には樫《かし》や欅《けやき》などの丈夫で摩耗しにくい木材使用。

○下駄の種類

・晴天用で歯が低い……日和《ひより》下駄、駒下駄《こまげた》　・雨用…足駄《あしだ》、褄皮《つまかわ》つき下駄

・一枚板のくり歯……堂島、櫛形、両ぐり　・のめり型……芝翫《しかん》下駄、吾妻《あづま》下駄

・中割……歩きやすいよう中間で割り継ぐ型　・ぽっくり……吉原の禿《かむろ》や町娘、少女用

○主な下駄

堂島《どうじま》……一枚板のくり歯で、畳表付きの下駄　吾妻《あづま》下駄……畳表を張った前のめり型。

駒下駄《こまげた》……中期の貞享頃から流布。名称は歯の間の刳《く》り形が三味線の駒の形に似ているため。芝翫《しかん》下駄……初代芝翫が履いた「のめり下駄」が流行。他に前歯と後ろ歯の間が長い形がある。日和《ひより》下駄……晴天用の歯の低い差歯下駄。足駄……江戸では差歯の高い下駄を足駄と呼び、雨や雪の時にはいた。

◆**草履《ぞうり》**　草履は本体の台の上に鼻緒をつけた履物です。江戸時代にはワラや藺草《いぐさ》、竹皮で編んで作り、日常用の履物として発達しました。昔の草履の形は現在と異なり、平安時代のは丸っこい形であり、江戸中期頃は細長い楕円形。また上等な草履は礼晴用として用いられました。草履は本体を基本に、様々な仕立て方やバリエーションがあります。たとえば、①鼻緒の生地を贅沢にしたもの。鼻緒の数を二本や数本取りにするもの。②本体をビロードなどで包み込んだり、縁取りしたもの。

雪駄《せった》……雪駄は草履の裏が皮張りの高級品で、踵《かかと》に尻鉄《しりがね》を打ち歩くと音がして粋。礼晴用。

重ね草履……本体の台を重ねた礼装用の履物。町人は三枚重ね。大奥は五、七枚と重ねた。

◆**草鞋《わらじ》**　草鞋は奈良時代からあり、旅や労働用です。構造は四部からなります。①足を乗せる台　②かかとを受ける返し　③ひも　④ひもを通す乳《ち》。乳の数は四乳が普通で、稲わらを編んで作りますが、他に麻、シナ、藤などの繊維を使用。二つ乳《ち》、四乳、六乳の草履、鼻緒付きの草履などもあります。

足半《あしなか》は合戦や川の急流地で用い、寸法は足裏の半分のみで滑りにくい。

［下駄］

吾妻下駄

畳表を張った前のめり型

芝翫《しかん》下駄

前歯と後歯の間が長い形

日和下駄

晴天用で歯の低い下駄。

薩摩下駄

芝翫形
のめり型

二番小町

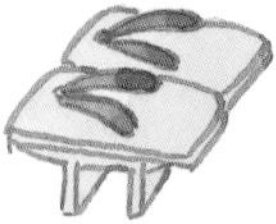

足駄

雨や雪の時用

あと丸

堂島

畳表付きで一枚板
のくり歯

櫛形

足駄

雨用

あと丸

あと歯

夜ばなし

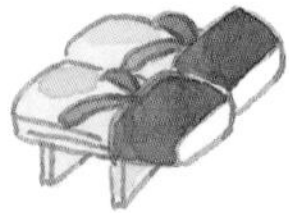

褄《つま》皮付き下駄

雨雪用

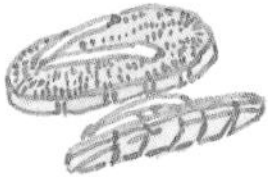

板草履（板裏ぞうり）

大奥の水仕事の多い所や、雨用

[草履《ぞうり》]

雪駄《せつた》

畳表の草履の裏に皮を張った高級品で礼装用。

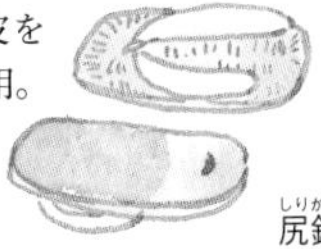

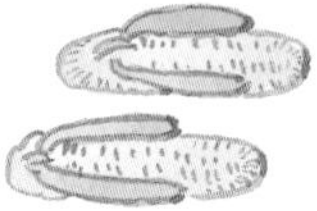

草履

江戸時代には細長い形も多い。

重ね草履

本体の台を重ねたもので、三枚重ねは礼装用。

わら草履

これは鼻緒が二本付き、台の周りがビロードの特別品。

福草履

[草鞋《わらじ》]

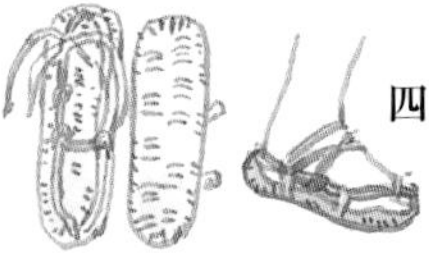

四乳の草履

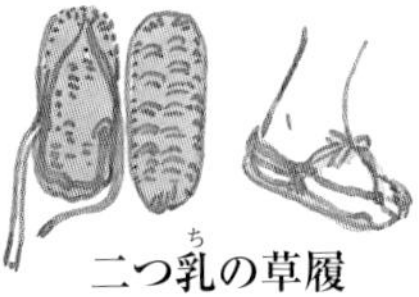

二つ乳《ち》の草履

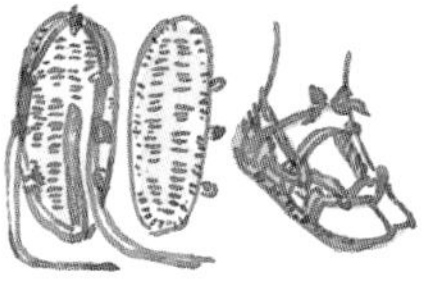

六乳の草履

武者草履とも呼ばれる。

『日本歴史図録』他より

㊃手拭・浴衣

◆手拭《てぬぐい》

中世の上層では希少で高価な麻布が手拭でした。江戸時代初期の庶民は衣服の端切れを用い、手拭が庶民に普及したのは木綿が流通して以降となります。江戸時代の手拭は長く約120cmでさらに長いのもあり、それを用途によって切って使いました（現在は95cm位）。使い方には驚くほどの知恵と工夫があります。

1、被《かぶ》り物としての使い方で、手拭のかぶり方は数多くあり、男女に愛用されました。

2、生活の日用品として、汗拭き、入浴に使用。

3、商店で配る屋号入りの手拭は広告宣伝用。

4、芸事の祝儀用では歌舞伎役者や相撲の力士が、家紋や名入りの手拭を染め、贔屓《ひいき》筋などへの配り物にしました。

5、祭りや花見の時は、町内揃いの手拭。

6、落語や曲芸など芸人たちは、出し物に合わせて小道具に使います。

7、三尺の手拭は、船頭の帯として使われたり、たすきや襟掛けにもされました。

8、商店や踊り、三味線の師匠などから盆暮れに配られる手拭を縫い合わせて、浴衣《ゆかた》に仕立てました。手拭の色も柄もばらばらで、屋号入りや派手な宣伝文の手拭を、肩やすそに上手に配置し、面白さ抜群の浴衣が出来上がりました。

9、細く裂けば一本のひも。手で簡単に裂けるので、急に下駄の鼻緒が切れたら直します。

◆**浴衣**

浴衣は湯帷子《ゆかたびら》の略で、古くは上流層が蒸し風呂である浴室に入る時に、この湯帷子（麻地）を着用しました。湯風呂になってからは浴後に羽織って水分をふき取る、身ぬぐいとして使われます。浴衣は中期頃からは夏の庶民の家着として活躍しますが、原則的には日中の外出には着用されませんでした。庶民に愛用された浴衣は、生地が木綿であるだけに利用価値も高く、最後まで使いきり、その使われ方がふるっています。

①最初は浴衣として家着や夕方の散歩着に着用。②祭礼時の町内会や連の揃いの浴衣には、通常より大きくて派手めの模様を、皆で同じ柄に誂えます。③女子の長旅には「旅の塵除けコート」として、着物や帯上から浴衣を着て用いた。④次に丹前下《たんぜんした》（襦袢《じゅばん》・下着代わり）となり、⑤古びてくると寝間着へ。⑥着物はすぐに擦《す》れたり切れやすいため、肩やひざの裏に「当て布」として補強。⑦着古して柔らかくなるとおしめに。⑧細く裂いてはたき。⑨さらに「雑巾」。

木綿で肌触りの良い浴衣を、現代の私たちには思いつかないような魅力的な使い方をしています。美的にも実用的にも工夫しているところが江戸のすごさです。

鈴木春信「藤原敏行朝臣」より

鳴海絞り広袖浴衣

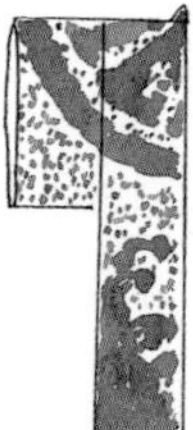

『守貞謾稿』より

鳶一番組、い組の浴衣

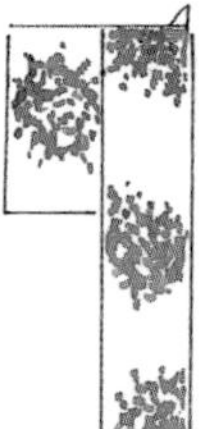

『守貞謾稿』より

[手拭の使い方]

『続・江戸町人の生活』他より

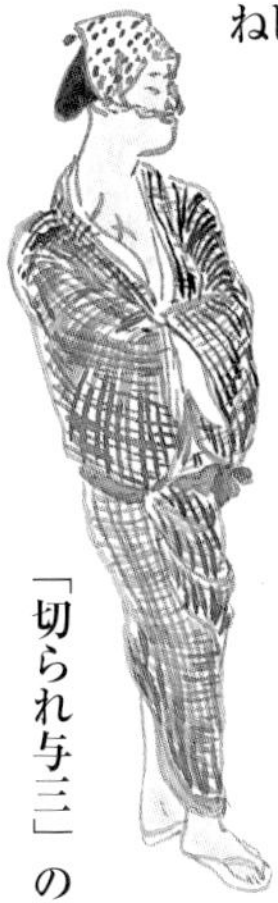

「切られ与三」の与三郎

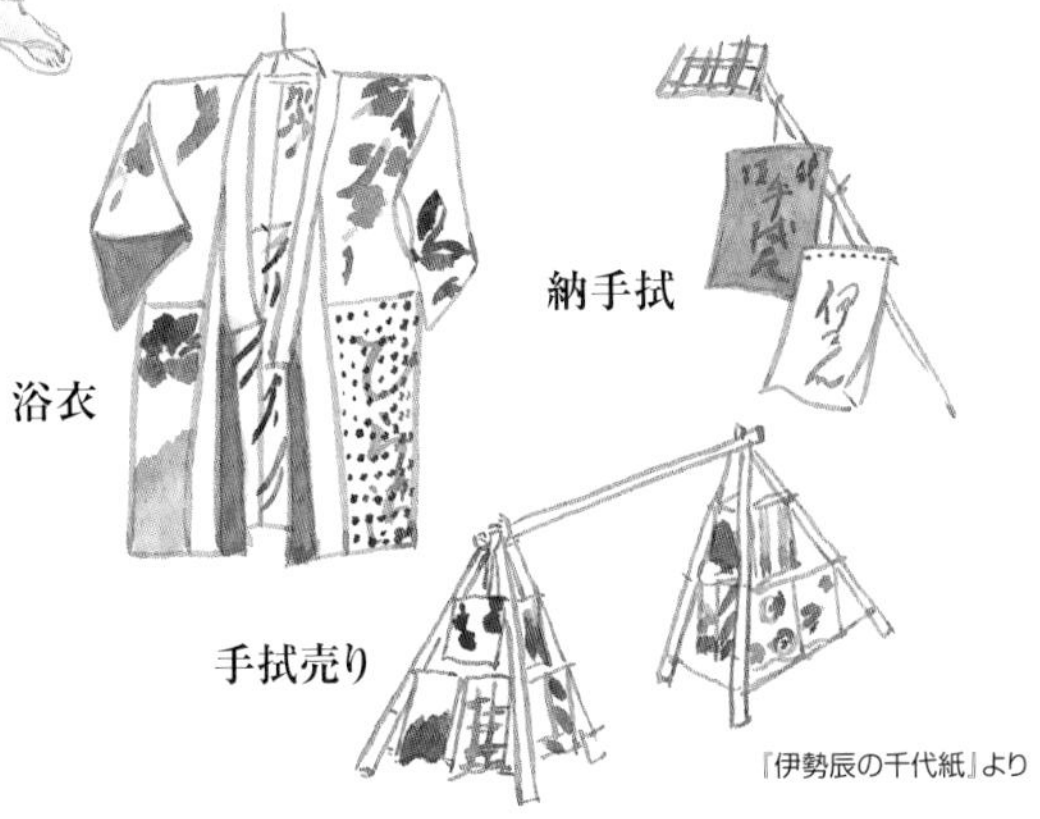

『伊勢辰の千代紙』より

あとがき

江戸の男達の衣服は、武家と町人、町人の中では商人、職人達の装いが、みごとに切り替わるところが特色であり見どころでした。彼等はまったく別の世界の人々だということが、衣服を通してわかります。意気地と誇りを持つ昔の日本の人々。

さて、男服の最後を飾るのは、江戸の人々の知恵と工夫の宝庫である〝手拭《てぬぐい》と浴衣《ゆかた》〟です。彼等の粋さと遊び心が伝わってきます。

最後になりましたが、この本を手に取って読んで下さいました読者の皆様、ありがとうございました。

そして私のデビュー当時の著作『花の大江戸風俗案内』以来、約二十年ぶりとなる本書の編集を、快く引き受けて下さいました編集者の青木真次様に深く感謝申し上げます。

２０２１年11月

菊地ひと美

〔主な参考文献〕

『守貞謾稿』喜田川守貞著
『御殿女中』三田村鳶魚著　青蛙房
『江戸生活事典』三田村鳶魚著　稲垣史生編　青蛙房
『江戸服飾史』金沢康隆著　青蛙房
『江馬務著作集』３・４　江馬務著　中央公論社
『服飾』（日本の美術26）日野西資孝編　至文堂
『小袖からきものへ』（日本の美術４３５）長崎巌著　至文堂
『公家の服飾』（日本の美術３３９）河上繁樹著　至文堂
『武家の服飾』（日本の美術３４０）丸山伸彦著　至文堂
『町人の服飾』（日本の美術３４１）長崎巌著　至文堂
『江戸町人の研究　第一巻』西山松之助編　吉川弘文館
『日本の歴史　21町人』中井信彦著　小学館
『講座日本風俗史』全12巻　雄山閣
『原色日本服飾史』井筒雅風著　光琳社出版
『日本の女性風俗史』切畑健編　紫紅社
『日本風俗史事典』日本風俗史学会編　弘文堂
『有職故実大辞典』鈴木敬三編　吉川弘文館

『図録・近世武士生活史入門事典』武士生活研究会編　柏書房
『染と織の鑑賞基礎知識』小笠原小枝著　至文堂
『北村哲郎染織シリーズ3日本の織物』北村哲郎著　源流社
『北村哲郎染織シリーズ5日本の染物』北村哲郎著　源流社
『日本・中国の文様事典』視覚デザイン研究所編　視覚デザイン研究所
『事典　絹と木綿の江戸時代』山脇悌二郎著　吉川弘文館
『江戸結髪史』金沢康隆著　青蛙房
『日本の髪型』南ちゑ著　紫紅社
『結うこころ　日本髪の美しさとその型』村田孝子編・著　ポーラ文化研究所
『日本の髪型』京都美容文化クラブ・松本弘吉編　光村推古書院
『日本の色事典』吉岡幸雄著　紫紅社
『日本の傳統色　その色名と色調』長崎盛輝著　青幻舎
著者である喜田川守貞、大岡ませ子（篤姫時の御中﨟）、三田村鳶魚、江間務、金沢康隆氏の皆様に深く感謝申し上げます。

本書は東京堂出版より刊行された『江戸衣装図鑑』(二〇一一年十一月三十日初版発行)に改稿・再編集を施し、改題のうえ二分冊にしたものです。

デザイン・倉地亜紀子

落語百選 春　麻生芳伸編

古典落語の名作を、その〝素型〟に最も近い形で書き起こす。故金原亭馬生師の挿画も楽しい。まずは、おなじみ「長屋の花見」など25篇。（鶴見俊輔）

落語百選 夏　麻生芳伸編

「出来心」「金明竹」「素人鰻」「お化け長屋」など、大笑いあり、しみじみありの名作25篇。読者が演者となりきれる〈活字寄席〉。（都筑道夫）

落語百選 秋　麻生芳伸編

「秋刀魚は目黒にかぎる」でおなじみの「目黒のさんま」ほか「時そば」「野ざらし」「粗忽の釘」など江戸の気分あふれる25篇。（加藤秀俊）

落語百選 冬　麻生芳伸編

義太夫好きの旦那をめぐるおかしくせつない「寝床」。「火焔太鼓」「文七元結」「芝浜」「粗忽長屋」など25篇。百選完結。（岡部伊都子）

びんぼう自慢　古今亭志ん生　小島貞二編・解説

「貧乏はするものじゃありません。味わうものですな」その生き方が落語そのものと言われた志ん生が自らの人生を語り尽くす名著の復活。

なめくじ艦隊　古今亭志ん生

〝空襲から逃れたい〟、〝向こうには酒がいっぱいある〟という理由で満州行きを決意。存分に自我を発揮して自由に生きた落語家の半生。（矢野誠一）

古典落語 志ん生集　古今亭志ん生　飯島友治編

八方破れの生きざまを芸の肥やしとした五代目志ん生の、「お直し」「品川心中」など今も色褪せることのない演目を再現する。

志ん生の噺（全5巻）　古今亭志ん生　小島貞二編

その生き方すべてが「落語」と言われた志ん生の幅広い芸を滑稽、人情、艶などのテーマ別に贈る、読む「志ん生落語」の決定版。

志ん朝の風流入門　古今亭志ん朝　齋藤明

失われつつある日本の風流な言葉を、小唄端唄、和歌俳句、芝居や物語から選び抜き、古今亭志ん朝の粋な語りに乗せてお贈りする。（浜美雪）

志ん朝の落語1 ——男と女　古今亭志ん朝　京須偕充編

第一巻「男と女」は志ん朝ならではの色気漂う噺集。口絵に遺品のノート、各話に編者解説を付す。「明烏」「品川心中」「厩火事」他全十二篇。

らくごDE枝雀 桂枝雀

桂枝雀が落語の魅力と笑いのヒミツをおもしろおかしく解きあかす本。持ちネタ五選と対談で、「笑いの正体」が見えてくる。（上岡龍太郎）

桂枝雀のらくご案内 桂枝雀

上方落語の人気者が愛する持ちネタ厳選60を紹介。噺の聞かせどころや想い出話をまじえて楽しく落語の世界を案内する。（イーデス・ハンソン）

上方落語
桂枝雀爆笑コレクション（全5巻） 桂枝雀

人気衰えぬ上方落語の爆笑王の魅力を、速記と写真で再現。「スビバセンね」「ふしぎななあ」などテーマ別全5巻、計62演題。各話に解題を付す。

上方落語
桂米朝コレクション（全8巻） 桂米朝

人間国宝・桂米朝の噺をテーマ別に編集する。端正で上品な語り口、多彩な持ちネタで、今日の上方落語隆盛をもたらした大看板の魅力を集成。

落語家論 柳家小三治

この世界に足を踏み入れて日の浅い、若い噺家に向けて二十年以上前に書いたもので、これは、あの頃の私の心意気でもあります。（小沢昭一）

滝田ゆう落語劇場（全） 滝田ゆう

下町風俗を描いてピカ一の滝田ゆうが意欲満々取り組んだ古典落語の世界。作品はおなじみ「富久」「芝浜」「死神」「青菜」「付け馬」など三十席収録。

絵本・落語長屋 落合登 西川清之

一〇八話の落語のエッセンスを、絵と随想でつづった「落語長屋」。江戸っ子言葉をまじえた軽妙洒脱な文章と、絵とで紹介する。（中野翠）

桂吉坊がきく 藝 桂吉坊

上方落語の俊英が聞きだした名人芸の秘密。若手の思いに応えてくれた名人は、立川談志、市川團十郎、小沢昭一、喜味こいし、桂米朝、他全十人。

この世は落語 中野翠

ヒトの愚かさのいろいろを呑気に受けとめ笑ってしまう。そんな落語の魅力を30年来のファンである著者が、イラスト入りで語り尽くす最良の入門書。

落語を聴かなくても人生は生きられる 松本尚久編

落語家が名人芸だけをやっていればよかった時代は去った。時代と社会を視野に入れた他者の視線を通じて落語の現在を読み解くアンソロジー。

一人で始める短歌入門　枡野浩一
「かんたん短歌の作り方」の続篇。CHINTAIのCM「いい部屋みつかっ短歌」の応募作を題材に短歌を指南。毎週10首、10週でマスター！

片想い百人一首　安野光雅
オリジナリティーあふれる本歌取り百人一首とエッセイ。読み進めるうちに、不思議と本歌も頭に入ってきて、いつのまにやらあなたも百人一首の達人に。

宮沢賢治のオノマトペ集　宮沢賢治　杉田淳子編　栗原敦監修
賢治ワールドの魅力的な擬音をセレクト・解説した画期的な一冊。ご存じ「どっどど どどうど どどうど どどう」など、声に出して読みたくなります。

増補 日本語が亡びるとき　水村美苗
明治以来豊かな近代文学を生み出してきた日本語が、いま、大きな岐路に立っている。我々にとって言語とは何なのか。第8回小林秀雄賞受賞作に大幅増補。

ことばが劈《ひら》かれるとき　竹内敏晴
ことばとこえとからだと、それは自分と世界との境界線だ。幼時に耳を病んだ著者が、いかにことばを回復し、自分をとり戻したか。

発声と身体のレッスン　鴻上尚史
あなた自身の「こえ」と「からだ」を自覚し、魅力的に向上させるための必要最低限のレッスンの数々。続ければ驚くべき変化が！　（安田登）

パンツの面目ふんどしの沽券　米原万里
キリストの下着はパンツか腰巻か？　幼い日にめばえた疑問を手がかりに、人類史上の謎に挑んだ、抱腹絶倒&禁断のエッセイ。　（井上章一）

全身翻訳家　鴻巣友季子
何をやっても翻訳的思考から逃れられない。妙に言葉が気になり妙な連想にはまる。翻訳というメガネで世界を見た貴重な記録（エッセイ）。　（穂村弘）

夜露死苦現代詩　都築響一
寝たきり老人の独語、死刑囚の俳句、エロサイトのコピー……誰も文学と思わないのに、一番僕たちをドキドキさせる言葉をめぐる旅。増補版。

英絵辞典　岩田一男　真鍋博
真鍋博のポップで精緻なイラストで描かれた日常生活の205の場面に、6000語の英単語を配したビジュアル英単語辞典。　（マーティン・ジャナル）

品切れの際はご容赦ください

武士の娘　杉本鉞子　大岩美代 訳

明治維新期に越後の家に生まれ、厳格なしつけと礼儀作法を身につけた少女が開化期の息吹にふれて渡米、近代的女性となるまでの傑作自伝。

ハーメルンの笛吹き男　阿部謹也

「笛吹き男」伝説の裏に隠された謎はなにか？　十三世紀ヨーロッパの小さな村で起きた事件を手がかりに中世における「差別」を解明。（石牟礼道子）

隣のアボリジニ　上橋菜穂子

大自然の中で生きるイメージとは裏腹に、町で暮らすアボリジニもたくさんいる。そんな「隣人」アボリジニの素顔をいきいきと描く。（池上彰）

サンカの民と被差別の世界　五木寛之

歴史の基層に埋もれた、忘れられた日本を掘り起こす。漂泊に生きた海の民・山の民。身分制で賤民とされた人々。彼らが現在に問いかけるものとは。

世界史の誕生　岡田英弘

世界史はモンゴル帝国と共に始まった。東洋史と西洋史の垣根を超えた世界史を可能にした、中央ユーラシアの草原の民の活動。

日本史の誕生　岡田英弘

「倭国」から「日本国」へ。そこには中国大陸の大きな政治のうねりがあった。日本国の成立過程を東洋史の視点から捉え直す刺激的論考。

島津家の戦争　米窪明美

薩摩藩の私領・都城島津家に残された日誌を丹念に読み解き、幕末・明治の日本を動かした最強武士団の実像に迫る。薩摩から見たもう一つの日本史。

それからの海舟　半藤一利

江戸城明け渡しの大仕事以後も旧幕臣の生活を支え、徳川家の名誉回復を果たすため新旧相撃つ明治を生き抜いた勝海舟の後半生。（阿川弘之）

その後の慶喜　家近良樹

幕府瓦解から大正まで、若くして歴史の表舞台から姿を消した最後の将軍の〝長い余生〟を近しい人間の記録を元に明らかにする。（門井慶喜）

幕末維新のこと　司馬遼太郎　関川夏央 編

「幕末」について司馬さんが考えて、書いて、語ったことの真髄を一冊に。小説以外の文章・対談・講演から、激動の時代をとらえた19篇を収録。

現代語訳 舞姫 森鷗外 井上靖訳

古典となりつつある鷗外の名作を井上靖の現代語訳で読む。無理なく作品を味わうための語注・資料を付す。原文も掲載。監修＝山崎一穎

こころ 夏目漱石

友を死に追いやった「罪の意識」によって、ついには人間不信にいたる悲惨な心の暗部を描いた傑作。詳しく利用しやすい語注付。（小森陽一）

英語で読む 銀河鉄道の夜（対訳版） 宮沢賢治 ロジャー・パルバース訳

"Night On The Milky Way Train"（銀河鉄道の夜）賢治文学の名篇が香り高い訳で生まれかわる。文庫オリジナル。井上ひさし氏推薦。（高橋康也）

百人一首 鈴木日出男

王朝和歌の精髄、百人一首を第一人者が易しく解説。現代語訳、鑑賞、作者紹介、語句・技法を見開きにコンパクトにまとめた最良の入門書。

今昔物語 福永武彦訳

平安末期に成り、庶民の喜びと悲しみを今に伝える今昔物語。訳者自身が選んだ155篇の物語は名訳を得て、より身近に蘇る。（池上洵一）

私の「漱石」と「龍之介」 内田百閒

師・漱石を敬愛してやまない百閒が、おりにふれて綴った師の行動と面影とエピソード。さらに同門の友、芥川との交遊を収める。（武藤康史）

阿房列車 ——内田百閒集成1 内田百閒

「なんにも用事がないけれど、汽車に乗って大阪へ行って来ようと思う」。上質のユーモアに包まれた、紀行文学の傑作。（和田忠彦）

教科書で読む名作 夏の花ほか 戦争文学 原民喜ほか

表題作のほか、審判（武田泰淳）／夏の葬列（山川方夫）／夜（三木卓）など収録。高校国語教科書に準じた傍注や図版付き。併せて読みたい名評論も。

名短篇、ここにあり 北村薫 宮部みゆき編

読み巧者の二人の議論沸騰し、選びぬかれたお薦め小説12篇。となりの宇宙人／冷たい仕事／隠し芸の男／少女架刑／あしたの夕刊／網／誤訳ほか。

猫の文学館Ⅰ 和田博文編

寺田寅彦、内田百閒、太宰治、向田邦子……いつの時代も、作家たちは猫が大好きだった。猫の気まぐれに振り回されている猫好きに捧げる47篇‼

百日紅《さるすべり》（上・下）　杉浦日向子

北斎、お栄、英泉、国直……絵師たちが闊歩する文化文政期の江戸の街を多彩な手法で描き出す代表作の完全版、初の文庫化。（夢枕獏）

合葬　杉浦日向子

江戸の終りを告げた上野戦争。時代の波に翻弄された彰義隊の若き隊員たちの生と死を描く歴史ロマン。第13回日本漫画家協会賞優秀賞受賞。（小沢信男）

YASUJI東京　杉浦日向子

明治の東京と昭和の東京を自在に往還し、夭折の画家井上安治が見た東京の風景を描く静謐な世界。他に単行本未収録四篇を併録。（南伸坊）

COM傑作選（上・下）　中条省平編

60年代末に、マンガ界に革命を起こした伝説の雑誌。手塚治虫、永島慎二をはじめ、矢代まさこ、岡田史子らの作品を再録。（中条省平）

ビブリオ漫画文庫　山田英生編

古書店、図書館など、本をテーマにした傑作漫画集。主な収録作家――水木しげる、永島慎二、松本零士、つげ義春、楳図かずお、諸星大二郎ら18人。

水鏡綺譚　近藤ようこ

戦国の世、狼に育てられ修行をするワタルと、記憶をなくした鏡子の物語。著者自身も一番好きだったという代表作。推薦文＝高橋留美子（南伸坊）

増補 ハナコ月記　吉田秋生

「オトコってどおしてこうなの？」とハナコさん。「オンナってやつは」とイチローさん。ウフフと笑いがこみあげるオールカラー。（糸井重里）

ムーミン・コミックス　セレクション1 ムーミン谷へようこそ　トーベ・ヤンソン＋ラルス・ヤンソン　冨原眞弓編訳

ムーミン・コミックスのベストセレクション。1巻はムーミン谷で暮らす仲間たちの愉快なエピソードを4話収録。オリジナルムーミンの魅力が存分に。

カムイ伝講義　田中優子

白土三平の名作漫画『カムイ伝』を通して、江戸の社会構造を新視点で読み解く。現代の階層社会の問題が見えると同時に、エコロジカルな未来も見える。

白土三平論　四方田犬彦

60年代に社会構造を描き出した『カムイ伝』、蜂起の歴史哲学を描いた『忍者武芸帳』等代表作、そして「食物誌」まで読み解く。書き下ろしを追加。

ちくま文庫

江戸《えど》衣装《いしょう》図絵《ずえ》　武士《ぶし》と町人《ちょうにん》

二〇二一年十一月十日　第一刷発行

著　者　菊地ひと美（きくち・ひとみ）
発行者　喜入冬子
発行所　株式会社　筑摩書房
　　　　東京都台東区蔵前二―五―三　〒一一一―八七五五
　　　　電話番号　〇三―五六八七―二六〇一（代表）
装幀者　安野光雅
印刷所　凸版印刷株式会社
製本所　凸版印刷株式会社

ISBN978-4-480-43775-4　C0139